ISO 9001 : 2008

किताबघर प्रकाशन

नयी दिल्ली

दस प्रतिनिधि कहानियां

आलमशाह खान

दस प्रतिनिधि कहानियां सीरीज़

दस प्रतिनिधि कहानियां

आलमशाह खान

संपादन
हिमांशु पंड्या

प्रकाशक
किताबघर प्रकाशन
4855-56/24, अंसारी रोड, दरियागंज, नई दिल्ली-110002
फोन : 011-23266207, 30180011 फैक्स : 011-23271844
E-mail : kitabghar_prk@yahoo.com
www.kitabgharprakashan.com

प्रथम संस्करण : 2014

आवरण : रवि शर्मा

मूल्य : दो सौ सत्तर रुपये

मुद्रक : बी.के. ऑफसेट
नवीन शाहदरा, दिल्ली-110032

DAS PRATINIDHI KAHANIYAN (Stories in Hindi)
by Alamshah Khan
Price : Rs. 270.00

ISBN—978-93-83233-31-1

क्रम

भूमिका
(हम अहले सफा मर्दूदे हरम)

"वी शुड नॉट डेजर्ट अवर ओन क्लास! हम यदि गरीब मध्य वर्ग में पैदा हुए हैं तो उसकी भाव स्थितियों को जरूर बताएंगे। प्रश्न विषय का भी है और दृष्टिकोण का भी। हममें से बहुतेरे ऊपर की श्रेणी में मिल गए हैं। वे हमारी भावनाएं प्रकट नहीं करते, कोई दूसरी दृष्टि प्रकट करना चाहते हैं।"

–ग. मा. मुक्तिबोध, 'एक साहित्यिक की डायरी'

"इतना सजग और संवेदनशील व्यक्ति जब कहानी लिखता है तो उसकी टीस 'किराए की कोख' का सृजन करती है और गिद्ध-दृष्टि 'आवाज की अरथी' जैसी अर्थपूर्ण कहानी का सृजन करती है। उसकी भाषा में एक परिश्रमी कलाकार का पसीना बोलता है और उसकी सूक्ष्म निरीक्षण शक्ति दूसरे रचनाकारों के लिए ईर्ष्या का विषय हो सकती है।"

–स्वयं प्रकाश, 'हमसफरनामा'

आलमशाह खान हाशिए के लोगों के जीवन संघर्ष के गायक हैं। हमारे हिंदी संसार में सदा ही जनपक्षधरता की बात की जाती रही है। डीक्लास होना आदर्श चाहे हो किंतु स्वातंत्र्योत्तर हिंदी कहानी मध्यवर्गीय परिधि को यदा-कदा ही लांघती दिखी है। ऐसे गिने-चुने नाम जब भी लिए जाएंगे जिन्होंने निम्नवर्गीय पात्रों को केंद्र में रखकर कहानियां लिखीं तो उनमें आलमशाह खान का नाम हमेशा आएगा। उनकी कहानियों का अस्सी फीसदी संसार जिंदगी की तलछट में जी रहे लोगों से बना है। उन्होंने ऐसे-ऐसे पात्रों को अपनी रचना का विषय बनाया जिन्हें हम अपनी रोजमर्रा की जिंदगी में दो पल ठहरकर ध्यान से भी नहीं देखते। कुल्फी वाले, कब्र खोदने वाले, स्वांग दिखाकर भीख मांगने वाले, नालबंदी करने वाले, धूलधोए, कबाड़ी, कप-प्लेट मांजने वाले, यौनकर्मी–आलमशाह खान ने इनकी जिंदगियों को नजदीक से देखा और उनके सच्चे चित्र हमारे सामने प्रस्तुत किए हैं।

हाशिए के इंसान को लेकर लिखी गई हिंदी की कालजयी कृतियां याद कीजिए। दाज्यू, जिंदगी और जोंक, गुलकी बन्नो, साग मीट, टेपचू, नैनसी का धूड़ा...इन सभी कहानियों में और आलमशाह खान द्वारा लिखी गई सभी (और मैं ये बात जोर देकर कह रहा हूं, सभी) कहानियों में एक मूलभूत अंतर है। ये सारी कहानियां या तो किसी मध्यवर्गीय पात्र के उवाच में लिखी गई कहानियां हैं या इनमें स्वयं लेखक नैरेटर बनकर बतकही के अंदाज में घटनाओं-परिस्थितियों का विवरण प्रस्तुत करता है। यह मध्यवर्गीय दृष्टि, निम्नवर्गीय पात्र की दारुण जीवन परिस्थितियों के प्रति करुणा पैदा करने में सफल रहती है, दो भिन्न वर्ग के पात्रों के कारण अंतर्विरोध (कंट्रास्ट) भी उभर पाता है और मध्यवर्गीय सचेतनता के कारण बहुधा एक वैचारिक परिप्रेक्ष्य भी मिल पाता है। लेकिन-जिस हाशिए के इंसान की व्यथा-कथा कहने की कोशिश इस कहानी ने की, उसके मन की थाह नहीं मिल पाती।

इसी बिंदु पर आलमशाह खान सबसे अलग हैं। विशिष्ट।

आलमशाह खान की कहानियों में कोई नैरेटर नहीं है। वे पात्रों की अपनी भाषा में उनकी व्यथा-कथा कहते हैं। रेणु के यहां भी ऐसे पात्र अपनी भाषा-बोली के साथ आए लेकिन उनके यहां इस जीवन की रूमानी मुग्धकारी तस्वीरें हैं, उनकी जहालत का उल्लेख प्रायः नहीं है। आलमशाह खान की कहानियों के पात्र निम्नवर्गीय जिंदगी की तलछट में जीने वाले हाशिए के लोग हैं। इनके पास अपनी दुःख-तकलीफ के वास्तविक कारण की विश्लेषणात्मक समझ चाहे न हो पर अपनी तकलीफों को बयान करने की भाषा जरूर है। यह भाषा बेहद लाउड है। झींकती-कलपती, गालियां बकती, रोज की लड़ाई के लिए तिकड़में भिड़ाती भाषा। इस भाषा में अपने प्रति करुणा पैदा करने का भी कोई खास आग्रह नहीं है, क्योंकि जिन लोगों से इनका संसार बना है, वे सारे इसी तलछट के सहभागी हैं। 'आवाज की अरथी' में यह संसार अपने पूरे तेवर के साथ मौजूद है। एक-दूसरे के प्रति संशय रखते मियां-बीवी, बेटे के सहारे अपनी पार लग जाने का जुगाड़ करते मां-बाप, सौतेले बेटे को पोस्त पिलाकर रोककर रखने वाला बाप-क्या यह अतिरंजनायुक्त यथार्थ है? या हमीं इस दुनिया की पूरी ताब झेल सकने में असमर्थ हैं? कहीं यह हमारा ग्लानिबोध तो नहीं? इन पात्रों की संवेदना का स्रोत इसलिए तो नहीं सूख गया कि इन्होंने हमसे जो पाया, प्रत्युत्तर में आगे बढ़ाया? 'आवाज की अरथी' का नरसिंघा जब अपनी मां से एक बार अपने हिए की बात कहता भी है, "माई री! मैं तो हंसने-बोलने को तरस गिया।

इस कठगोले से जबड़ा पिरा गया। किसी दूसरे हिल्ले लगा दे न!" तो छग्गी का जवाब–"दूजा हिल्ला? अपनी जनती को नचा चौपड़ पे। पर इस डायन को कौन देखे? तू कौन मर जाएगा जो एक तनी दड़ी-गेंद मूं में रख लेगा?" स्पष्ट कर देता है कि जहां खुद को बचाए रखना ही रोज की लड़ाई है, वहां किसी भी अपने के लिए करुणापूर्ण भाषा की उम्मीद बेमानी है। भाषा का कटखनापन दरअसल पात्रों के जीने-जागने की पहचान है। यह उनकी अदम्य जिजीविषा है।

हो सकता है कि मध्यवर्गीय वाचक अथवा पात्र के द्वारा संप्रेषित कुछ वाक्य कहानी की पक्षधरता, लेखक की प्रतिबद्धता और सबसे बढ़कर एक व्यापक वैचारिक परिप्रेक्ष्य दे पाते लेकिन इस दृष्टि का प्रवेश न होने देना लेखक का एक सायास निर्णय है। इसके पीछे कहीं न कहीं यह विश्वास है कि जिस परिवेश को अपनी संपूर्णता में उसने चित्रित किया है, उसके बाद किसी सामाजिक-आर्थिक-राजनीतिक विश्लेषण की पृथक् आवश्यकता नहीं है। यह अपने पाठकों पर विश्वास की बात है।

प्रेमचंद ने 'कफन' कहानी में दिखाया था कि यह कामचोरी नहीं है जो भूख का बायस बनती है बल्कि यह भूख है जो जब देखती है कि मेहनत का सिला रोटी हो ही, यह कतई जरूरी नहीं–तो कामचोरी की ओर बढ़ती है। आलमशाह खान की सतर्क नजर उन सामाजिक-आर्थिक परिस्थितियों को दिखाती चलती है जिनके चलते एक मनुष्य सामाजिक पददलितता की ढलान पर लुढ़कता जाता है। प्लास्टिक के खिलौनों से पटा बाजार 'आवाज की अरथी' के कागज के खिलौने बनाने वाले परिवार को बेरोजगार कर देता है तो 'लोहे का खून' के करीम का पुश्तैनी नालबंदी का पेशा बाजार में मिलने वाले रेडीमेड पुर्जों की बलि चढ़ जाता है। बाजार की खासियत यह है कि उसके नियम सदा ही छोटे खिलाड़ी के लाभांश को संकुचित करते हुए बड़े खिलाड़ियों की रक्षा में सन्नद्ध रहते हैं। 'सांस भई कोयला' की रमली इस राजनीति को जानती है, खेल के नियम बदल भले न पाए, "मैं बापुड़ी लगाऊंगी आग? वो भी हाट-बजार में...देखो नी; आज तो एक कीलो कोयले का पूरा एक रुपा खुलवा लिया इस सिंधी मुए ने...हम बढ़ाएं मजूरी में एक चवन्नी तो गिराक के माथे सात सल चढ़ें और बजार में एक के दस ले ले बनिया तो कोई नी पूछे। यूं ही तो मर रिए हम; हाड़तोड़ मजूरी करके भी।"

स्वाभाविक है कि आलमशाह खान की कहानियों में प्रत्यक्ष खलनायक प्रायः नहीं होते। 'पंछी करे काम' का सेठ या 'दंडजीवी' के महाराज जैसे पात्र

उंगलियों पर ही हैं। बहुतायत तो 'आवाज की अरथी' के फन्ने, 'मुरादों भरा दिन' के सत्ता: या 'तिनके का तूफान' के जबरे जैसे पात्रों की है जो स्वयं इस व्यवस्था के सताए हुए हैं। इसका स्पष्ट संकेत आलमशाह खान अपनी कहानियों में देते चलते हैं। 'जबरा, मंगत तोले का आगेवान। डीलडौल से ड्योढ़ा होकर भी आधा आदमी था। एक पैर छोटा पिंडली तक; दूजा बड़ा और गंठला। एक हाथ उसका सही तो दूसरा कोहनी तक ठूंठ। एक आंख नापेद तो दूसरी आधी बंद। पर चमकदार और खाऊ। वह एक मोटे लठ्ठ के सहारे कूद-कूदकर चलता था। लठ की गांठ ऊपर फंदी रुकी छोटी पटिया पर टिकाकर टीले के भूखे-भीरु, नशेड़ी लतखोरे छोरा-छोरी, डींगे-हरामखोरों को हांकता था। सभी उसकी डबक में थे। उसका लगाव-जुड़ाव किसी से था तो खुद से। वह कहता, जब उस अजाने-अनदेखे पत्थर में पैठे देव-भगवान ने मुझे आधा आदमी बनाकर जन्म दिया तो मैं किसी दूसरे को क्यों पूरा देखूं-रखूं। सबकी खंडत करूंगा। सबको तोड़ूंगा-बखेरूंगा। ('तिनके का तूफान')

'आवाज की अरथी' की छग्गी जब फन्ने को कोसती है कि वह नरसिंघा को हनुमान बनाकर उस पर जुलुम इसलिए कर रहा है कि वह उसका अपना बेटा नहीं है तब फन्ने का कथन उसकी प्रकट अमानवीयता के पीछे की विवशता को हमारे सामने रख देता है, "अरे! मेरा तुखुम होता तो कौन राज करता? इधर-उधर मोटे-मानुस की सेवा-टहल में खुटता, मिमियाता डोलता या तेरी-मेरी तर्ज पर भूखों मरता...तू नी चाहे तो मुझे क्या पड़ी? मैं फिर छींके-पिंजरे गढ़-गांठ दूंगा, रद्दी कागज-गत्ते के फिर मोर-चिड़िया बना दूंगा। लिए डोलना उन्हें उड़ाने-बेचने को...तू जाने अपनी तो डेढ़ टांग है, उसे लेकर लंगड़ाता-लठियाता चल भर सकूं हूं।" और इस संवाद के तत्काल बाद कहानीकार का व्यंग्य गरीबी-संतोष-मेहनत-तरक्की की हमारी किताबी समझ की कपालक्रिया कर देता है, 'इतना बोल फन्ने ने पास बिखरे 'मजबूत इरादा, कड़ी मेहनत, पक्का अनुशासन' वाले पोस्टरों को सहेज लिया और खिलौनों के लिए कतर-ब्योंत करने लगा।'

'आवाज की अरथी' के स्वांग रचने वाले भिखमंगे हों या 'लोहे का खून' में ट्रकों पर नाल टांकने वाला करीम—ये मेहनत से रोटी कमाने के परिचित रास्तों पर ठोकर खाने के बाद ही इस रास्ते पर आए हैं। 'लोहे का खून' के करीम को हम एक के बाद एक कितने ही रोजगारों में जुटते और असफल होते देखते हैं। सीमेंट की बोरियां सिलने का धंधा मां-बेटी के लिए खून की कै लाता है

तो काले घोड़े की नाल टांगने का धंधा करीम के लिए ग्लानि। जहां बिरादरी से करीम को धिक्कार मिलती है वहीं कचरू मोची और रामलखन से वह मिलता है जिसे समझना करीम जैसों के लिए सबसे जरूरी है–वर्गीय एकता की पहचान।

यह विडंबना उल्लेखनीय है कि फन्ने (आवाज की अरथी) और करीम (लोहे का खून) को सबसे हुनरमंद हम तब पाते हैं, जब वे आस्था के नाम पर झांसा देने का बूता लेकर निकलते हैं। वो जो बस स्टैंड पर एक गूंगी होने का स्वांग करती लड़की आपके हाथ में एक कार्ड थमा देती है, जिस पर किसी फादर या मौलवी की ओर से आपके नाम मदद की अपील लिखी होती है या वो गांधी सर्किल की रेड लाइट पर शनिवार को एक तेलभरा बर्तननुमा लेकर लड़का आपको रोकता है, अब इन्हें फिर ध्यान से सुनिए। वे दरअसल ये कह रहे हैं कि झांसा देना उन्होंने आपसे ही सीखा है। आज अगर वे झांसा देने में इतने कुशल हो गए हैं तो तय मानिए कि आपकी तालीम बहुत अच्छी रही।

'दंड-जीवी' सामंतवाद के खिलाफ लिखी गई हिंदी की सर्वश्रेष्ठ कहानियों में से एक है। इसे भी एक राजस्थान के लेखक द्वारा ही लिखा जाना था क्योंकि राजस्थान में सामंतवाद अपने प्रत्यक्ष और क्रूरतम रूप में औपनिवेशिक काल तक विद्यमान रहा है। बहुत से लोगों को नहीं पता होगा कि जब औपनिवेशिक सत्ता के साथ जर्जर होते सामंतवाद ने दुरभिसंधि की थी तब कई आधुनिक संस्थाओं या पदों के साथ पुरातन दंडप्रक्रिया नहीं जारी रखी जा सकती थी, सो ऐसे में इस छद्म आधुनिकता के साथ अपनी ऐंठ बरकरार रखते हुए जीने के लिए दक्षिणी राजस्थान में ये खास पद अस्तित्व में आया–'मारखावण्या' अथवा 'मारबख्शी'। आज भी जब ताकतवर के प्रति पैदा हुई खीज किसी कमजोर पर निकाली जा रही हो तब मेवाड़ में लोग इस शब्द को मुहावरे की तरह इस्तेमाल करते हैं। आलमशाह खान ने इसे बिलकुल लोककथाओं की शैली में ही लिखा है। अभिधा को अपने सशक्ततम रूप में काम लेते हुए अन्याय को विद्रूपतम रूप में प्रस्तुत किया गया है।

पूंजीवाद, कल्याण का नकाब ओढ़कर आता है और न्याय, बराबरी के नारों के साथ अपना शोषण का जाल बिछाता है इसलिए पूंजीवादी छल-छद्म को अरहस्यीकृत किया जाना अभिप्रेत होता है। इसके ठीक उलट सामंतवाद इस स्तरीकृत समाज में परंपरा से प्राप्त 'दैवी' प्रभुता के मद में इतराता हुआ अपने अन्यायी बल के साथ ही टिकता है। यहां अन्याय का प्रत्यक्ष वर्णन सटीक होता

है जो करने वाला रचनाकार 'बहुत कला' का नहीं 'परिवर्तन' का आकांक्षी होता है। हमारे इस आधुनिक प्रतीत होते समय में भी जब-जब सामंती संस्कृति के चिह्न दिखाई दें, तब-तब एक नागार्जुन द्वारा 'आओ रानी हम ढोएंगे पालकी / यही हुई है राय जवाहरलाल की' लिखकर अभिधा में तंज किया ही जाता है। यह न भूला जाए कि जिस शहर में बैठकर आलमशाह खान कहानियां लिख रहे थे, उस शहर के लोगों के लिए इस राजा को पहचानना मुश्किल न था। खुद अपने को 'राजाधिराज योगेन्द्र सिंह जी के.सी.एस.आई.जी.सी.एस.आई.' कहने वाले इस राजा की अपने राज्य की जानकारी का स्तर यह है कि 'कल रात खेमली (गांव) लुट गई' सुनकर उसकी प्रतिक्रिया होती है, "वा रांड घर छोड़ एकली राते बारे क्यूं निकली?"

महाराजाओं और महारानियों को विधायिका और संसद में अपना प्रतिनिधि चुनकर भेजने वाले राज्य में ऐसी अनेक कहानियों की जरूरत थी और आज भी है। राजा की मदांधता, मूर्खता और रंगरेलियों का स्पष्ट वर्णन करती हुई यह कहानी अंत में 'दैवी प्रभुता' के उस मूल सिद्धांत पर ही करारी चोट करती है जब हत्यारा राजा अंत में कहता है, "राजा धरती पे ईश्वर-अवतार होवे। अन्याव वो कदी नी करे। अन्याव ने वो न्याव में ढालै। जो होणी थी सो कल हुई। न्याव आज भी राजरे हाथ है। राज हुक्म करे के गुजरा मारबख्शी रो बेटो आज और अब सूं नवो 'मार-बख्शी' है। राज ने भान है के नवो 'मार-बख्शी' मुटियार नी छोटो है, बारह बरस रो, भगवान भूतनाथ रे भरोसे राज री मार खावेगा तो काल बडो वे जावेगा।"

राज की मार-का ज्ञान, अबोधता को लुप्त कर-जल्दी 'बड़ा' बनाता है। (यहां 'राज' को किसी भी प्रभुत्वशाली शोषक संस्था से विस्थापित कर दीजिए, वाक्य की अर्थच्छवियां रेडिकल हो जाएंगी।) आलमशाह खान की अविस्मरणीय कहानी 'पराई प्यास का सफर' भी ऐसे ही जल्दी बड़े हो गए बच्चे की कथा है। लखना बाल श्रमिक है और जीवन के थपेड़ों ने उसे सिखा दिया है कि कोई भी दु:ख बड़ा नहीं होता क्योंकि पता नहीं आगे उससे कितना बड़ा दु:ख और प्रतीक्षा कर रहा हो। कहानी में जब होटल पर बैठे कुछ लोग अपने काम की एकरसता के लिए हायतौबा कर रहे हैं, ठीक तभी हम इस लंबे प्रभावी दृश्य में लखना को तेरह बार 'आडर' पूरा करने के लिए ऊपर-नीचे करते देखते हैं। चकित ग्राहक पाते हैं कि लखना सुख-दु:ख के प्रति निर्विकार हो चुका है। कहानी में अपने साथी बड़के के सामने भी जब वह जरा सा खुलता है तब हम

पाते हैं कि भाई की मृत्यु, मां की बदहाली, स्वयं का शोषण, दुनिया की याद ये सब मामूली से उद्वेग के साथ स्वीकार लेने वाले लखना का दिल टूटा तो तब जब एक छोटी बच्ची ने उसके लिए कह दिया–"गंदा...हुसऽ!"

आश्चर्य है कि विकराल दुखों का सूचनाओं की तरह आना-जाना प्रसिद्ध कथालोचक मधुरेश को रचनात्मकता की कमी लगता है और वे इस कहानी को 'यथास्थितिवाद की पोषक' मानते हैं। (हिंदी कहानी का विकास, पृ. 158) अश्रुविगलित भावुक वर्णन की चाशनी चढ़ाए बिना आलमशाह खान ने कहानी में इस त्रासदी को बखूबी दिखाया है जहां विकरालता भी दैनंदिन का हिस्सा बन जाती है। 'ईदगाह' में हामिद के खिलौने की बजाय चिमटा खरीद लेने पर बिछ-बिछ जाने वाले लोग यह नहीं सोचते कि प्रेमचंद वहां हामिद के बचपन के नष्ट होने और उसके एक झटके में बड़ा होने की हाहाकारी कथा कह रहे थे। अविस्मरणीय फिल्म 'लाइफ इज ब्यूटीफुल' की सबसे बड़ी सुंदरता ये थी कि वहां एक पिता न सिर्फ अपने बेटे की रक्षा करता है बल्कि वो सारे नाजी कैम्प को एक खेल बताकर इस सारी बीभत्सता की खरोंच अपने बेटे के बचपन पर पड़ने से बचाता है। 'पंछी करे काम' के सनीचरा, अब्दू, गफूर, रमजू और मसीता के पास ऐसा कोई भी नहीं है जो उनके बचपन को घायल न होने दे इसलिए वे खुद अपने नन्हे हाथों उसे संभालने की कोशिश करते हैं। ये सारे-और इनमें 'भूखे फरिश्ते : खुशबू की दावत' के राधू, जनकू, नूरा, ममदू को भी जोड़ लें–सब आपस में भूखे रहने की शर्त बदते हैं और एक-दूसरे को चुनौती देते हैं। यह शर्त नहीं मजबूरी है–इस सच से सामना न हो, इस कोशिश में सारे पंछी 'धरमिंदर-हेमा की फिलिम' देखना ज्यादा महत्त्वपूर्ण मान रहे हैं, पर, क्या सच से सामना नहीं हुआ है, या रोज-ब-रोज नहीं होता इनका? ऐसा लगता है जैसे इन सब बच्चों के भीतर एक बड़ा बैठा हुआ है जो दूसरे हाथ से अपने बच्चे को थपकी दे रहा है। गौरतलब है कि इनमें से कोई भी कहानी खुद के प्रति करुणा जगाने की कोशिश करते बेचारे बच्चे की कथा नहीं है। तमाम दारुण दुखों के बावजूद यह धींगामस्ती करते, असंभाव्य सपने देखते और खुशबू की दावत का शाहों की तरह निमंत्रण देते लड़ाकों की कथा है।

निर्धन-दलित-अल्पसंख्यक-अल्पसंख्यकों में दलित, आलमशाह खान शोषण की बहुआयामी स्तरीयता को जानते थे। बच्चों के बारे में जैसे उनकी कई कहानियां हैं वैसे ही स्त्रियों के बारे में भी क्योंकि वे भी दोहरे शोषण की शिकार हैं। 'किराए की कोख' उनकी सर्वाधिक विवादास्पद कहानी कही जा सकती

है। यह सारिका के जून, 77 अंक में प्रकाशित हुई थी और सांप्रदायिक शक्तियों ने इस कहानी को 'हिंदू धर्म पर चोट' करने वाली कहानी बताते हुए निशाने पर लिया। कमलेश्वर ने आगे एक संपादकीय इस पूरे प्रसंग को उठाते हुए आलमशाह खान के पक्ष में लिखा। कहानी एक स्त्री के बारे में है और स्त्री देश-धर्म की पहचानों से पहले एक स्त्री होती है। मर्दवादी समाज का अंतिम उपनिवेश स्त्री, उसकी तमाम दरिंदगियों, शोषण का दंश अपने शरीर और मन पर झेलती स्त्री और फिर अंत में आदिम पाप के लिए स्वयं अकेली पापिन करार दी जाकर पत्थर खाती स्त्री। 'किराए की कोख' की कुई, इस मर्दवादी समाज की मारी, बार-बार छली गई स्त्री अंत में अपने बेटे के सामने एक स्त्री की तरह पसरकर उसे अपनी मर्दानगी दिखाने की चुनौती देती है। इसे मां-बेटे के रिश्ते को कलंकित कर देने वाला करार देकर ही सारा नैतिक पाखंडपूर्ण वितंडा खड़ा किया गया। कहानी का अंतिम संवाद जबकि स्वयं स्पष्ट था कि "उजाले में नी परचे, आ अंधेरे में तू भी आ और दिखा अपनी मरदानगी!" कहकर कुई उससे ठीक पिछले प्रसंग में—जब बिरजू पत्थर खाती पगली कुई को बचाने उसका बेटा बनकर नहीं आया था—की याद दिलाकर उसे कोस रही है। वह कह रही है कि अंततः उसका बेटा भी एक पुरुष ही है।

आलमशाह खान की कई कहानियों में यह प्रविधि है। ठीक अंत में पात्र कोई ऐसा कदम उठाता है जो थोड़ा नाटकीय लगता है लेकिन उससे कहानी खत्म होने के साथ ही उसके पाठक के दिमाग में जारी रहने के दरवाजे खुल जाते हैं। कुई का कथन निमंत्रण था या धिक्कार? स्त्री की धिक्कार में इस समाज को अपनी बदसूरती आईने की तरह दिख जाती है और यही तकलीफदेह होता है।

'मुरादों भरा दिन' कहानी में सत्तार द्वारा अपनी पत्नी को देहव्यापार में उतारने का दृश्य और कारक जो उपस्थित किया गया है वह बड़ा औचक और इसलिए अविश्वसनीय सा लगता है। सत्तार को जिन पूर्ववर्ती परिस्थितियों में दिखाया गया है, जाहिर है देहव्यापार का फैसला तात्कालिक लगता हुआ भी तात्कालिक नहीं ही होगा, उसके पीछे कई सामाजिक-आर्थिक परिस्थितियां रही होंगी, लेकिन उन्हें दिखाने का प्रयास लेखक ने नहीं किया है। इसके बावजूद, कहानी यदि अविस्मरणीय बनती है तो सत्तार और नूरी के संबंधों की उस ऊष्मा से जो देहव्यापार की कालिख में दबकर भी नष्ट नहीं हुई है और राख से निकलकर अपनी लपट दिखाती है। सत्तार सुहाग के जोड़े को सात बार दरूद शरीफ

फूंककर नूरी को पहनाता है और इस तरह उसे 'पाक' करता है, दूसरी ओर नूरी के सामने ग्राहकों और शौहर की एक-दूसरे में डूबती-उतराती परछाइयां तैर रही हैं।

हिंदी में यौनकर्मियों के जीवन पर बहुत थोड़ी कहानियां उपलब्ध हैं और जो हैं उनमें भी पापमुक्ति, सुधारवाद आदि की ही छाप दिखाई देती है। 'मुरादों भरा दिन' दैहिक पवित्रता, स्वच्छता के परंपरागत शुचितावादी मानदंडों को नकारती हुई नूरी जैसा अविस्मरणीय चरित्र हमारे सामने रखती है। एक यौनकर्मी में सतत शोषण का शिकार होने के बावजूद गुनहगार होने का ग्लानिभाव और इस कारण अपनी देह के प्रति पैदा हुई विरक्ति और इसके बाद भी इसी देह के सहारे अपने दांपत्य के बिखरे सूत्रों को संभालना इस कहानी को अपने समय से आगे की कहानी बनाता है।

यह कहानी सारिका के जनवरी, 74 अंक में प्रकाशित हुई थी। इसी साल मथुरा नाम की एक लड़की के साथ थाने में दो पुलिसवालों द्वारा किए गए बलात्कार के मुकदमे में फैसला सुनाते हुए सत्र न्यायालय ने इस आधार पर अभियुक्तों को बरी किया था कि लड़की यौनानुभव की अभ्यस्त थी और उसका पर्याप्त प्रतिरोध न करना रजामंदी का सूचक था। इस फैसले के बाद भारत के स्त्रीवादी आंदोलन में एक जलजला आया और मर्यादा, शुचिता जैसे पितृसत्तात्मक मूल्यों से बंधी संरक्षणीय प्रवृत्ति को चुनौती देते हुए स्त्री की सहमति-असहमति के अधिकार को केंद्रीय प्रश्न मानने का आंदोलन शुरू हुआ। इस कहानी में जब सत्तार जान पर खेलकर मन्ना पहलवान का रास्ता रोककर खड़ा हो जाता है, तब इसके पीछे दैहिक सुख की आकांक्षा से कहीं अधिक अपने भीतर के खाविंद के मरे हुए अहसास को जिलाने की ख्वाहिश है और नूरी, एक यौनकर्मी के लिए-अपने मरद के बांकपन--को पहली बार देखने (भोगने?) का सुख। यदि इस कहानी के बरक्स 'एक और सीता' की नायिका सीती के इस कथन को भी रखकर देख लें, "रुकें ठाकुर।...उनके रहते मेरी लाज के धनी वे ही थे। अपने रहते अपनी बसत उन्होंने तुम्हें दी। उनके बीतने पर अपनी लाज की पहरू मैं हूं। सुहाग उनका था। उन्होंने लुटवाया। दुहाग मेरा है, मैं तुम्हें न दूंगी। प्राण देकर और लेकर भी उसे सहेजूंगी।" तो कोई संदेह नहीं रह जाता कि आलमशाह खान लाज को देह, योनि से परे रखकर देखने की बात कर रहे थे जो इन कहानियों के लिखे जाने के चालीस साल बाद भी 'इज्जत लूट ली', 'मुंह काला किया' जैसी शब्दावली का प्रयोग करने वाले भारतीय मीडिया की समझ से परे है, 16 दिसंबर, 2012 की अंधेरी रात अपनी जान पर

खेलकर लड़ जाने वाली 'निर्भया' के समर्थन में उमड़े असाधारण जनसैलाब द्वारा बुलंद आवाज में फिर इसे दोहराया गया कि बलात्कार की शिकार हुई स्त्री के कपड़ों, चालचलन आदि पर टिप्पणी करने वाली मर्दवादी मानसिकता को भी वे बलात्कारी मानसिकता ही मानते हैं। 'एक और सीता' की सीती द्वारा खींची 'लखन-रेखा' किसी पुरुष द्वारा लगाया गया मर्यादा का बंधन नहीं है बल्कि एक स्त्री द्वारा 'ना' कहने के अधिकार की उद्घोषणा है।

इसे रेखांकित किया जाना चाहिए कि आलमशाह खान को भारतीय परंपरा में अनेकानेक रूपों में समाई पितृसत्ता का निरंतर अहसास है। हिंदी कहानी की प्रगतिशील परंपरा में चोर कोनों से झांकने वाला पौरुषीय दंभ आलमशाह खान के यहां जरा भी नहीं है। ('रणराग' एकमात्र दुखद अपवाद है।) 1963 में उन्होंने 'अनार' जैसी कहानी लिखी जिसकी नायिका द्विलिंगीय पहचान के दायरे से बाहर की है। आज भी हमारी भाषा के पास इन बहुल यौनिक अस्मिताओं के लिए उचित शब्द नहीं हैं। विमर्श की तो बात ही छोड़िए। 'अबला जीवन का गणित' कुलगौरव कें नाम पर रक्तपिपासु बनकर लड़े और जान गंवा बैठे बेटों के पीछे रह गई मां-पत्नी का विलाप है तो 'हरा ठूंठ : प्यासी बेल' यौनिक अक्षम होने के बावजूद विवाह कर लेने वाले पुरुष की पत्नी के अपने पति के सुलगते घावों को बुझाने के प्रयास में स्वयं भी ठंडक से परिचित हो जाने की कथा है।

आलमशाह खान के यहां स्त्री-पुरुष संबंध प्रचलित रैखिक दायरों में बंधे हुए नहीं हैं। नूरी और सत्तार का उल्लेख पहले आया है। 'तिनके का तूफान' की दामली जो कितने ही लोगों द्वारा उत्पीड़ित होकर आज ऐसी हो गई है-"अब वह फकत मंगती और भिखारिन थी। डाल से टूटी पत्तों-झड़ी सूखी-लक्कड़ टहनी। पीली जर्दा थी धूल-पसीना पुती, ठूंठ-ठहरी ठोड़ी पर रूआं नहीं। देह पर पिचके दो छिछड़े और कपाल पर काली कुतिया की पूंछ-से बाल लीतरे। बस इसके नार होने के यही लक्खन।" तो दूसरी ओर घीसू है-'बौड़म लार टपकाता, टेढ़ी आंख-नाक, एक बाजू तनी गर्दन, गन्ने की गांठ तक गए हाथ और बांस-खंड की सी टांगों को घसीट घुटनों के बल रेंगता' घीसू। दोनों के बीच चाहे आर्थिक समझौतों के चलते 'प्रेम' हुआ हो लेकिन यही तिनका दामली के लिए तूफान खड़ा कर देता है और दामली को लगता है कि कोई एक है जो उसकी लाज का पहरू है। कहना न होगा कि आलमशाह खान के यहां विषम परिस्थितियों में प्रेम पनपता है। भट्ठी में तपकर सोना निकलता है।

'मेहंदी रचा ताजमहल' भी संस्कारों की दीवारों को धक्का देकर हमारी प्रेम की बनी-बनाई स्वीकृत छवि को ध्वस्त कर देने वाली कथा है जहां जवानी में धर्म की दीवार को न लांघ पाए दो जन आखिरकार बुढ़ापे में अपने प्रेम का सार्वजनिक स्वीकार कर सहजीवन प्रारंभ करते हैं और परिवार से भी इस फैसले के प्रति उचित सम्मान पाते हैं। यहां इस कहानी की तुलना 'पगबाधा' कहानी से करें तो दिलचस्प निष्कर्ष सामने आते हैं। 'मेहंदी रचा ताजमहल' के मुंशी और दुलारी अपने रिश्ते को कोई समाजस्वीकृत नाम दिए बगैर भी एक-दूसरे में आसरा पा जाते हैं, वहीं 'पगबाधा' की कविता और आलोक के बाकायदा विवाह कर लेने के बाद भी कविता यह पाती है कि आलोक के लिए लोक-लाज-मर्यादा के सामने प्रेम और विश्वास का कोई महत्त्व नहीं। पहली कहानी निम्नमध्यमवर्गीय पृष्ठभूमि की है जिसके पात्र पर्याप्त आधुनिकताबोध से युक्त हैं जबकि दूसरी के नायक-नायिका अभिजात वर्ग से आते हैं फिर भी पुरातन पितृसत्तात्मक संस्कारों से पीछा नहीं छुड़ा पाए हैं, यह कहा जाए तो गलत न होगा कि लेखक के लिए आधुनिकताबोध जीवनदृष्टि का हिस्सा है, कोई नारा नहीं।

ठीक यही बात सौंदर्यबोध के बारे में है। आलमशाह खान वर्णन के नहीं चित्रण के उस्ताद हैं–बात बोलेगी, हम नहीं। उनका सौंदर्यबोध हमारे सुरुचिपूर्ण मानदंडों की सीमाओं को सामने रख देता है। 'जूतों का कफन' में पुराने जूतों की बदबू से घर का रुंधकर बासना या 'लोहे का खून' में सीमेंट की उड़ती धूल से सनी महिलाओं का खंखारकर थूकना या 'सांसों का रेवड़' में जिनावरों के रगड़े खाते डील से फैलती चमड़गंध, ऊपर से झरते मेंगनी-मूत और तल में रमी गंदगी–आलमशाह खान हाशिए के लोगों की जिंदगी के यथार्थ का साक्षात्कार रूप-गंध-स्पर्श के स्तर तक कराते हैं। ('घिन तो नहीं आती है?') और विवरण की सूक्ष्मता इतनी कि एक तसले का धूलधोए के लिए क्या महत्त्व है, ये भी पाठक को ठीक से समझ आए, "मडगाड के टुकड़े से सनीचरा ने यहां-वहां नालियों मोरियों को उलीचा पर तलछट की ठीक-ठीक टोह तसले में फैलाकर ही की जा सकती थी। बारीक तार–टुकड़े कापे-किरपे तसले के तले पर ही टिपते थे और तसला पंडत ने दाब लिया था।" (पंछी करे काम)

यह हर दिन की लड़ाई है, जिंदगी की रस्सी पर संतुलन और कलाबाजी का खेल है, यहां तक कि भीख मांगना भी एक पेशा है जिसमें मेहनत और कला दोनों दरकार है, "जहां उसने 'दाता' को देखा नहीं कि धरती पर मत्था टेक अपने डंठल से बाजू-कुहनियों को ऊपर उछाल ऐसी दया उपजाऊ चिरौरी चमकाता

कि सामने वाला पिघलकर कुछ-न-कुछ देने को बेबस क्यों न हो जाए। कौड़ी सी टेढ़ी-तिरछी पनियल आंखों में बेबसी-बेचारगी लाकर वह अपना टूंटिया हाथ माथे के आगे ले जाकर ऐसी अबोली गुहार करता कि राहगीर उसकी तरफ निगाह किए बिना आगे न बढ़ पाता। और जहां किसी ने उसे नजर भर देखा नहीं कि वह दामली के मजीरों की धुन पर बिलबिलाकर मुंह में कौर न जाने का सांग धर अपना धंसा पेट उसे दिखा देता। यूं करते हुए उसके सकोरे में टनाटन होने लगती और दोपहर तक पेटभराऊ कमाई हो जाती, ऊपर से कुछ पल्ले भी बंध जाता दामली के। (तिनके का तूफान)

दलित चेतना की दस्तक से पहले हमारी हिंदी का संसार इन विद्रूप सच्चाइयों के चौंधिया देने वाले प्रत्यक्ष वर्णन के लिए तैयार नहीं था। क्या आलमशाह खान वक्त से आगे के रचनाकार थे? उन्होंने साठ के दशक में कहानियां लिखना शुरू किया था। सत्तर के दशक में समांतर कहानी आंदोलन के समय उनका नाम धूमकेतु की तरह हिंदी कहानी के पटल पर चमका पर समांतर कहानी के अवसान के साथ ही कहीं बिला गया। समांतर कहानी के अपने आग्रह-दुराग्रह और इसके कारण आलोचकों-इतिहासकारों के उसके प्रति आग्रह-पूर्वाग्रह का खमियाजा आलमशाह खान को भी भुगतना पड़ा। बीसवीं सदी के आखिरी चार दशक उनकी रचनाधर्मिता के दशक हैं। इसी दौरान भारत बैंकों के राष्ट्रीयकरण से विदेशी पूंजी के सुस्वागतम की ओर बढ़ चला। आदिवासियों का अपनी जमीन से बेदखल किया जाना संस्थागत रूप से प्रारंभ हो गया। सांप्रदायिक राजनीति अपने डैने फैलाती हुई हमारे घरों तक घुस आई और भारतीय सरकार के आला अफसरों ने बताया कि आलमशाह खान की कहानियों के परिवारों को चाहिए महज-बत्तीस रुपए। क्या अब इस लेखक की कहानियों को फिर से नहीं पढ़ा जाना चाहिए?

आलमशाह खान ने कमर मेवाड़ी से कहा था, "कमर, मेरे मरने के बाद मेरी कहानियों का नोटिस लिया जाएगा।"

–हिमांशु पंड्या

पराई प्यास का सफर

"छोकरे, पाऽनी!"

"लड़के, दो 'चा'! फुरती से!"

"ए, सुन, आलूबड़ा चटनी में, फटाफट!"

"ए, नमकीन एक पलेट, झट से!"

"छोरे, कचोड़ी इधर!"

इतने सारे 'हुकम-आडर' लादे वह पिद्दी छोकरा चकरी की ढब घूम रहा था। पल इधर, पल उधर। उसके कम उमर पगों में पहिया था कि जो घूमता ही रहता था। उसके सधे बोल थे–'लाया...आया...ठीक...अच्छा...हाजिर...लो साब...और कुछ?'

"हां, दो सिगरेट कैंची!"

"पैसे?"

"अबे पूतनी के, पड़ेगा एक झाप! खाया-पिया नहीं और पेले पैसे?"

"नहीं, सिगरेट के।"

"जा, पीछे सब साथ देंगे!"

"ना साब, वो पानवाला सिगरेट के पैसे पेले लेता है।"

"ले, मर!" तरेरी आंखों से घूरते हुए झल्लाए हाथ ने उसकी मैली हथेली पर पैसे टिका दिए। वह घूम गया। धड़धड़ाता काठ के जीने की सीढ़ियां उतर गया।

ओर छोर फैलकर बढ़ते हुए उस कस्बेनुमा शहर में मकान दुकानों में बदल रहे थे और दुकानें ढाबे-होटलों में और लड़के 'छोकरों' में। अठारह-बीस पग लंबे और बारह-पंद्रह पग चौड़े उस 'शिव विशाल रेस्टोरेंट' में सुबह से शाम तक भीड़ लगी रहती। धंधा और भी बढ़ गया, तो ऊपर छत की तरफ लकड़ी का ढांचा खड़ा कर, सीढ़ियां लगाकर गुंजाइश कर ली गई। लखना की 'डूटी' इसी

'ऊपरले केबिन' में थी। ऊपर से 'आडर' लेकर वह नीचे उतरता और सामान लेकर ऊपर टेबलों पर रखता।

काम तो इतना ही था, पर उसे सुबह से शाम और शाम से रात भीगने के पहले तक चढ़-उतर लगी रहती। दोपहर में खाने भर को आधा-पौन कलाक की फरागत मिलती, उसके बाद फिर वही चढ़-उतर।

गाहकों का जमाव बिखरा कि कोने में सटकर उसने बीड़ी सुलगाई। दो-तीन सुट्टे मारे थे कि धड़-धड़ के साथ पूरे केबिन का काठ थर्रा गया और चार मजूरनुमा लोग आ जमे।

"बीड़ी पीता है लौंडे अभी से! कित्ते बरस का है?"

"बारा का...!" उसने बीड़ी के ठूंठे को दीवार से रगड़कर कान में खोंसना चाहा, पर कुछ सोचकर अपने चीकट निकर की जेब में सहेज लिया।

"क्या लाऊं, साब?"

"कब से पीता है बीड़ी?"

"चाय...साब?"

"पेले बता, कब सीखा?"

"बोत पेले से...चाय, और कुछ?"

"बोत पेले से...मां के पेट में बीड़ी फूंकता था! मेरी तरह बोलर गरम करता था भीतर?" सब ठहठहाकर हंस पड़े।

"क्या लाऊं, साब?"

"चुप कर! माथा मत खा...रुक!" वह सटक गया और दूसरे गाहक को निबटाने लगा।

"इस मुलक का तू ही राखनहार है, मेरे मालिक! साऽली ये भी कोई जिनगानी है! बस एक ही काम, सील पेक दूध के डिब्बों के ढक्कन लगाते रहो! सुबू से सांझ तक!"

"अरे, तो यां कौन मोती पिरो रहे! पांच बजे तड़के उठ के गइयों-भैंसों का सानी-पानी करते हैं, फिर स्सालों का गू-गोबर समेटो! आज भी...कल भी...ढोरों को सहेजते-संभालते खुद ढोर हो गए!"

"गो माता की सेवा-टहल में है...सरग मिलेगा तुझे!"

"गो जाय खटीक-कसाई के! सानी-पानी, गोबर-घास की गंध यूं भर गई है मुंह में के अब सिवा इसके दूजी कोई बास नहीं अंटती नथुनों में!"

''तुम परेसान हो बस। 'लाजो बी' के बाल तो हम संवारे हैं! मसीन में भूत बन के जो कोलसा झोंके हैं दिन भर!''

''नी रे, तुम सब तो मर रये हो! सुखी तो मैं धरा हूं! दिनभर डिब्बे गिना करूं हूं! साली इस डेरी ने दूध का ही पाउडर नहीं किया, हमें भी पीस बंद कर दिया है इस कारखानेनुमा डिब्बे में!''

''साला एक ही काम रोज-रोज! आदमी क्या, सैतान ऊब जाए! सुना है न वो किस्सा बोतल-बंद जिन्न-राखसस का, जो डाट खुलने पर आदमी के बस में हो गया धा...इस सरत पे के बराबर काम बताता रहे तो ठीक, वरना उसे चट कर जाएगा! उस आदमी ने भी, मेरे यार ने, क्या तरकीब-जुगत की के साला जिन-राखसस चीं बोल गया! आदमी उसको बोला—'कुछ काम नहीं, तो जा, घर की सीढ़ियां चढ़-उतर! बस, ये ही काम तेरा!' दो दिन में घबरा के भाग गया!''

''मार भी गोली...अब कुछ खिलाएगा-पिलाएगा, या बस बात-पे-बात!''

''छोकरे!''

''आया!'' वह कप-पर-कप धरे सीढ़ियां चढ़ रहा था—''क्या लाऊं, साब?''

''पानी।''

''और कुछ?''

''पेले पानी।'' वह मुड़ा और धड़-धड़ सीढ़ियां उतर गया।

दो मिनट बाद पानी के गिलास का छींका टेबल पर टिकाकर बोला, ''क्या लाऊं?''

''चार चा।''

''और कुछ?''

''पेले चा।'' वह फिर नीचे उतरा। थोड़ी देर में चाय के कप रख दूसरे टेबल के पास चला गया।

''सूखी चा पे टरका देगा? महीनों में चेता है? चेतू! साले, गोना करवाया है, ठट्ठा है कोई?''

''बोल भी, क्या लेगा? चेंट क्यूं रिया है?''

''मंगा कुछ मीठा-वीठा।''

''छोकरे...ओ छोकरे!''

''आया!'' आवाज के साथ वह सीढ़ियां चढ़ आया।

"दो पलेट बरफी।"

"और?"

"और...तेरी जनती का...!" सीढ़ियों में फिर कंप भर गया।

"लो साब, बरफी!" कहकर उसने गिलास उठाए और पलट गया।

"मीठे के बाद नमकीन नहीं होगा?"

"लड़के!"

'आया' के साथ सीढ़ियां धुजाता हुआ वह सामने आ खड़ा हुआ।

"बोलो, साब?" उसकी आवाज उठती-गिरती सांसों में उलझी थी।

"दो नमकीन।"

"और?"

"बस।" सामने दीवार पर चींटी मरी हुई मकड़ी को घसीटने के लिए जूझ रही थी। उसने नमकीन टेबल पर लगाया। अब उसके माथे पर पसीने की बूंदें चुहचुहा आई थीं। बांह उठाकर उसने माथा रगड़ा और नाक ऊपर चढ़ाते हुए कोने में जा टिका। उसका सीना धुक रहा था। टांगें कांप रही थीं। उसकी आवाजाही से सीढ़ियों का काठ अभी तक झनझना रहा था। खा-पीकर लोग उठे, तो वह दनदनाता हुआ फिर नीचे जा खड़ा हुआ और गला फाड़कर हांक लगाई—"चार लोग...तीन अस्सी...!" उसकी आवाज फट गई थी।

"कितनी बार चढ़ता-उतरता है ये सीढ़ियां?"

"कोई गिनती है, बाबू साब!"

"तो भी?"

"सुबे से सांझ...रात तक।"

"थकता नहीं?"

"थकने से काम कैसे चलेगा?"

"तुझे कौन-सा काम चलाना है रे?"

"पेट पालने हैं।"

"तेरे बाल-बच्चे हैं?"

"मेरे नहीं, मेरे बाप के तो हैं।"

"बाप कहां गया?"

"चौधरी की लुगाई लेकर भाग गया।"

"भाई-बहन और मां?"

"हैं...गांव में। दूजे आदमी के घर में। वो मेरा नवा बाप जुलम भरा है। मां

को घर में डालने से पेले तो हां बोल दिया, अब मुकर गया। बोलता है, तेरे पेले वाले यार का मूत मैं नहीं पालने का!''

''फिर?''

''नवे बाप ने मुझे यहां नौकरी में डाल दिया। होटल में ही रहता-सोता हूं। पगार नवा बाप ले जाता है...हर महीने।''

''कितना मिलता है?''

''पंद्रह रुपया महीना, रोटी-कपड़ा और चाय-बीड़ी।''

''खुश है?''

''अपनी क्या खुशी! रात-दिन काम—सीढ़ियां चढ़ो और उतरो।''

''लखना...ओ लखने! तेरा बाप आया है पिछवाड़े। जा, मिल ले। जल्दी करना!'' काउंटर पर बैठे सेठ की आवाज थी।

''अच्छा, साब!'' कहता वह दनदनाता हुआ सीढ़ियां उतर गया।

''कैसे है?''

''सब ठीक। घर पे...।''

''ठाकुरजी राजी है...पर तेरा छोटा भाई...जाता रहा।''

''क्या हुआ था?'' उसका रुआंसा बोल था।

''कुछ भी तो नहीं। संझा को ये ही जूड़ी-ताप और भोर होते-होते खलास! झाड़-फूंक भी करवाया, पर...।''

''और मां?''

''रो-धो के बैठ गई...तेरे एक भाई जनमा है...।''

''रुको, मैं लौटा।'' वह नाक साफ करता उठ खड़ा हुआ और होटल के भीतर हो लिया। थोड़ी देर बाद आया, तो उसके हाथ में चाय का छलकता कप था।

''लो, पियो!'' कहकर उसने बीड़ी का बंडल थमा दिया।

''पगार-वगार ला ना! तेरी मां के लिए कुछ लेना है। तेरे भाई के गुजर जाने और तभी नया और होने से दुबला गई है।''

''सेठ ने अभी हिसाब किया नहीं...टूट-फूट हो गई।''

''वो तो हर महीने करता है...नया क्या?''

''वो कोलेज के लड़के आने लगे हैं इधर। इसटेन के चार चम्मच उड़ा ले गए...एक के सूट पे चाय छलक गई मुझसे। पांच रुपए यूं कट गए!''

''और क्या-क्या किया, बोल?'' हवा को फाड़ता हुआ एक झपाटा उसके

गाल पर पड़ा और वह धरती पर बैठ गया।

"मां वहां जन-जन के घर भरे और बेटा यहां कमाई झाड़ दे! जरूर सोक करने लगा है...शहर की हवा लग गई है...चल घर!"

"बप्पा, मैं घर नहीं आने का!"

"तो फिर अपने बाप के मूतों को यहीं ला गेर...अब तो दो ही बचे हैं...!"

"नहीं बप्पा...मैं इस महीने से पेले ही पूरी पगार भेज दूंगा।"

"पूरी...पूरी कैसे?"

"दिन और सांझ की अपनी चाय कट करके मैं टूट-फूट भर दूंगा।"

"लखना...ओ लखने! अब मरे ना!" सेठ का बुलावा था।

"मैं चलूं, बप्पा?"

"अब की लापरवाही की, तो मुझसे बुरा दूजा नहीं। समझा?"

"ठीक!" कहता हुआ वह उठ खड़ा हुआ और काम में जुट गया।

"क्या बोला तेरा नवा बाप, लखना?" उसके संगी बड़के ने दो टेबल जोड़, उन पर अपने गूदड़ डालते हुए पूछा।

"घर ले जाने को बोलता था।"

"तो फिर गया क्यूं नहीं?"

"वहां भूखों मरने जाता?" लखना ने दो बेंचों को सटाकर अपना बिस्तर लगा लिया था।

"तेरी मां जो है वहां।"

"वो भी वहां मार ही खाती है...फिर नन्ही टुनिया की बिलखती सूरत देखी नी जाती।" लखना रुककर बोला—"क्यों, बड़के, कहीं जासती पगार वाली नौकरी नहीं मिल सकती?"

"मिल सकती है। करेगा?"

"क्यूं नहीं?"

"यहां रोज खुरचन चाटता है। आंख बचाकर रसगुल्ला गटक जाता है। वो नहीं मिलने का दूजी नौकरी में!"

"मार गोली! चोरी-चोरी मीठा निगलने में धरा क्या है!"

"नहीं रे, चाट छूटती नहीं! मेरे से तो नहीं!"

"मैं तो छोड़ दूंगा।"

"पर सेठ तुझे नहीं छोड़ेगा। खजूर छाप का एक पूरा हरा नोट टिकाया है तेरे बाप को! मैंने अपनी आंखों देखा। तू गिरवी पड़ा है इस होटल में! खबर है तुझे?"

"अपनी भी क्या जिनगानी है, यार!" लखना ठंडी सांस ले बोला।

"क्यों?"

"और भी...सुन। आज भोर तू तो टेम पे जाग काम में जुट गया, मुझे जरा देर हो गई उठने में, तो मिस्त्री ने घड़ा उंडेल दिया मुझ पर...बिस्तर में ही! सारे बदन में कंपकंपी छूट गई। गुस्सा तो ऐसा आया के...दिनभर हो गया नाक चल रही है। सिर में चक्कर, सो अलग।" वह थोड़ा थमा और ठंडी सांस भर फिर बोला—"जिनगी तो 'बोबी' की है।"

"तेने देखे?"

"हां, तू जानता है, वो सिनेमा की गेट वाला गफूर अपना यार है आजकल...।"

"यार...हां, जानता हूं।"

"फिर?"

"तु मुझसे उड़ मत! मुझे पता है, उससे तेरी यारी कैसी है!"

"तो क्या हुआ...थोड़ा गाल-वाल पर दांत-वांत लगा देता है...और क्या?"

"और वो ताले-चाबी का खेल नहीं होता?"

"होता है...तो क्या? बिगड़ता है कुछ...फिर फिलम भी तो दिखाता है!"

"मैंने भी इंटरवेल देखा है बोबी का।"

"तेरे को भी गफूर ने दिखाया है न? मुझे भी तेरा सब पता है।"

"छोड़ सब! ये बता, इंटरवेल का पेले का खेल कैसे देखें?"

"इस नौकरी से छूटें, तब तो ना!"

"हूं।" लखना गूदड़ी को सीने तक खींच बेंच पर पसर गया।

धुएंले बल्ब की रोशनी में उनके गूदड़ों के सीवन के धागे मरे कीड़ों की भांति बिखरे पड़े थे। थोड़ी देर की चुप्पी के बाद बड़का बोला, "तू तो लेट लगा गया! उठ, कल मैंने सेके थे टिक्कड़..., आज तू थेप! सान आटा...चल!"

"भूख...मुझे तो नहीं।"

"आज पगार मिली है..., और आज ही भूख उड़ गई!"

"अपने किस काम की! दिन चढ़ते-न चढ़ते नवा बाप आ मरेगा और टेंट में सब खोंसकर ले जाएगा!"

"वो तेरा बाप तो कल आवेगा, मेरी महतारी तो अडवांस ले भी गई! यहां रह गए टापते!"

"आज दिखाई तेने दबक!"

"कैसे?"

"जो तू ना बोलता के मजूरी मैं करता हूं तो पगार मुझे क्यूं न मिलेगी, तो वो मुनीम कभी पैसा तुझे न देता। उसे भान नहीं के सेठ ने तेरी पगार तेरे बाप के हाथ धरने का कोल कर रखा है।"

"सेठ उसे बोलना भूल गया होगा।"

"छोड़, अब उठ और सेंक रोटियां।"

"यार, आज मन दुख गया है...दिल टूट गया है सुबो से!"

"क्यों, क्या हुआ?"

"सुबो सुभान की दुकान में चा देकर लौटता था के एक टुमकटुम नन्ही छुकरिया नजर आई। बगल में किताब-पाठी दाबे ठीक मेरी टुनिया-सी। मैंने उसके बाल सहला दिए, तो चीख पड़ी और छिटककर दूर हट गई। बोली—'गंदा...हुसऽ!' "

"तभी तू आज नहाया है।"

"नहीं रे, दुख लगा है उसके यूं बोलने से!"

"छोड़ भी यार, उठ! आटा सान। भूख लगी है।"

"आज हम कहीं बना-बनाया खाएं, तो?"

"ऐं...क्यों...पैसे?"

"मुझे पगार जो मिली है...वैसे भी तो तड़के ही अपनी अंटी से निकल जाएंगे सारे पैसे!"

"तेरा बाप जो आकास झुका देगा तुझ पे!"

"करने भी दे मरे को, जो करे!"

"तेरी मां और टुनिया को भी तो सताएगा।"

"मां...टुनिया...? कौन मेरे लिए ढुलक रही है!"

"सोच ले, कल न बोलियो के बड़का हमारा खा-पी गया!"

"ऐसे ओछे-हेठे नहीं। चल भी! आज अपन दोनों को कुरता-निकर भी नए मिले हैं। किसी भली जगह बैठ के सबर से रोटी खाएंगे।"

"दस से ऊपर बजे होंगे...रात का टेम...कहां चलें?"

"तू उठ भी!"

होटल के पिछवाड़े बने भट्टीखाने से वे दोनों बाहर निकले, तब हवा रुक-रुककर बह रही थी...ठंडी और थर्रा देने वाली। सूनी सड़कों की कोर पर रुपे खंभों में उजाला ऊंघता झूल रहा था। वे दोनों तेज-तेज पग बढ़। दूर निकल

गए। कुछ और चलने पर एक सिंधी का होटल नजर आया। दोनों उसमें घुसे और टेबल के सामने ठसके-से जा बैठे। थोड़ी देर किसी ने पूछा नहीं, तो लखना को लगा, उनकी कोई पूछ नहीं। वह पास पड़े चम्मच से टेबल पीटने लगा।

''ऐ छोकरे...!''

''बोल...!'' उसके सामने उसकी उमर का एक लड़का खड़ा था। उसे लगा, जैसे वह अपने आपसे बात कर रहा है।

''खाने में क्या है?'' उसकी आवाज में ठसक थी।

''आलू-मटर, आलू-गोभी, भिंडी, दाल-चावल, कढ़ी, तंदूरी रोटी, तंदूरी पराठे, मटर-पुलाव, कोप्ता... बोलो, क्या?'' वह एक सांस में कह गया।

''पेले पानी!'' छोकरा टला, तो लखना बड़के का मुंह जोहने लगा—

''क्यों, क्या-क्या कह गया? तुझे याद हो कुछ, तो मंगा।''

''यार, मुझे तो ठो न पड़ा, क्या बोल गिया चपड़-चपड़!''

तभी गल्ले पर बैठे आदमी ने टोका—''अरे, खीसे में कुछ है भी या यूं ही बस!''

''क्या टुच्ची बात बोलता है सेठ! पैसे की कमी नहीं!'' और लखना ने निकर के खीसे से मुड़ा-तुड़ा दस का नोट निकाला और हथेलियों के बीच फैलाकर हवा में लहरा दिया।

''इस साले को भरोसा नहीं। सिंधी माणुस जो ठहरा!''

''छोरे, खाना लगा!'' नोट देखते ही गल्लेवाले ने हांक लगाई।

''बोलो, क्या लगाऊं...?'' फिर वही छोकरा सामने खड़ा था।

''सब्जी में जो सबसे बढ़िया हो, वो ले आ।''

''है...तुम बोलो ना।''

''बोला ना, सबसे अच्छी सब्जी और तंदूरी पराठे। जल्दी, फटाफट!''

तेज मसालों के भभके और तंदूरी पराठों की महक से उनकी भूख पगला गई। खाना लगा, तो दोनों टूट पड़े। डटकर खाया। एक सब्जी, फिर दूसरी और तीसरी, खूब चटखारे लेकर उड़ाई। पेट भर गया, तो लखना बोला—''आज पेट भरा, साला! खुद घड़ो, सेंको और निगलो, उससे तो बस पेट अटता है, भूख टलती है, तिरपती नहीं होती! बोल बड़के, ठीक? बोल है ना?''

''और नी तो क्या! खुद का तो भूख-प्यास से दम सूखता रहे और हम गहाकों को परोसते रहें...क्या खेल है!'' उसने डकार लेते हुए कहा।

''बोल, और कुछ लोग...मीठा-वीठा?''

"नी रे यार, पेले ही भोत खरचा बैठ गिया है!"

"अपन कौन से अपने बाप की दौलत काट रहे! जाएगा तो उस नवे बाप का ही ना! मैं तो काला जाम खाऊंगा।"

"काला जाम...होटल पर आंख बचा के दो-एक रोज गुटक जाता होगा! तबीयत नहीं भरी फिर भी!"

"बड़के, अपने होटल पर दसियों मिठाइयां निगली होंगी। पर तेरी कसम, एक का स्वाद पता नहीं!"

"काला जाम आज ही शाम को डकार गया। मीठा लगा, बस।"

"आज तसल्ली से खाकर देखते हैं।"

"तेरी मरजी।"

लखना ने गिलास खड़खड़ाकर ऑर्डर दिया—"काला जामुन, चार, अलग-अलग दो-दो।" टेबल के नीचे पैर फैलाकर जब लखना ने जामुन को चम्मच से तराशकर इतमीनान से मुंह में रखा, तो उसे भान हुआ, जैसे यह मिठाई उसने पहली बार चखी है। उसे टुनिया के रेशमी बालों की भीनी बास और उसके गालों की मिठास याद हो आई। वे हाथ धोकर उठने वाले थे कि एक प्लेट में थोड़ी सौंफ और बिल लेकर छोकरा आ गया।

"अरे यहां पढ़ना-लिखना किसे आवे है! बोल ना, कित्ते पैसे हुए?" लखना खीजकर बोला।

"आठ नब्बे।"

लखना दस का नोट प्लेट में रख खड़ा हो गया। आगे बढ़ा, तो गल्ले वाला बोला, "एक का खुल्ला नोट नहीं, एक लाटरी का टिकट दे दूं? किस्मत खुल जाएगी!"

"दे दे, यार, ये भी सही और बाकी दस पैसे उस छोकरे को।" उसने बड़के के कंधे पर हाथ रखा और बाहर हो लिया। रास्ते में एक-दूसरे से सटे-सटे चले, पर ठंड थी कि उन्हें चीरे डाल रही थी। होटल पहुंचे, तो घड़ी ने बारह का टंकारा दिया। वे दोनों अपनी गुदड़ी में दुबक गए। जब धुकधुकी मिटी, तो लखना ने टहोका देकर पूछा—"कैसा रहा?"

"बढ़िया। पर सुबह तेरा नवा बाप जो आ खड़ा होगा!"

"उसे यहां मिलेगा ही कौन?"

"क्यों?"

"बंदा कहीं चल पड़ेगा, फिर नहीं लौटने का!"

''कहां जाएगा?''

''जिधर किसमत ले जाए!''

''तो भी?''

''कहीं भी...लंबी-चौड़ी दुनिया पड़ी है!''

''ठिठोली कर रहा है।''

''वो ही सही। खा खूब लिया। मिरच जी भर गेरी थी सांई ने। हलक में जलन-सी दोड़े है। प्यास भी लगी है।''

''प्यास तो मुझे भी सता रही। हलक में कांटे-से अड़ रहे हैं।''

''तो फिर खुद भी पी और लेता भी आना एक गिलास।''

''यार, अपने में तो सकत नहीं। तू कर ना हिम्मत।''

''अरे, हमने तो की हिम्मत। दस का नोट उड़ा दिया तुझ पे।''

''मैं बोला था ना पेले ही, आ गया ना ओछेपन पे!''

''इसमें झूठ क्या! दस का पत्ता खरचा नहीं?''

''पूरे दस-के-दस मैंने खाए...? तू चंट पड़ने लगा है! निकल भागने की बात जो बोल दूं किसी को?''

''मैं कब बोला सब तेने खाया। फिर मैंने बोला तुझको और तेने खाया...बात तो पानी पिलाने की है, बस।'' लखना अब नरम पड़ गया था। फिर दोनों चुप हो गए।

''बुरा मान गया, बड़के?''

''नी यार...छोड़! ठंड जोर की है। फिर भी प्यास है के मार रही है!''

''फिर उठ भी जा, यार! मेरा भी कलेजा सूख गया।''

''तू क्यूं नहीं उठता?''

''यार, मैं नहीं उठने का! तेरी दोस्ती भी देख ली!''

''मेरे से नहीं उठा जाएगा, चाहे जो तू समझ!''

''तो फिर पड़ा रह!''

और दोनों अपनी गुदड़ियों को लपेट मुंह फेर के तन गए।

''सेठ का बच्चा जब से लाल जवार खिलाने लगा है, तब से पानी-पानी लगा रहे हैं!'' बड़का बुदबुदाया।

''पर आज तो माल उड़ाए हैं न!'' लखना बोला।

''मिलने दे हमारी पगार। अब की हम तुझे खिला देंगे...दुगनी।''

''पर, पानी नहीं पिलाएगा?''

''बोला ना, मैं नहीं हिलूंगा।''

''तो फिर मर प्यासा!''

''तू भी गड़ सूखा!''

कुनमुनाकर दोनों चुप हो गए। थोड़ी देर हुई कि आवाज आई—''लखना... ओ लखना!''

''सुन रे...! सेठ की बुलाहट है।''

''तो फिर जाय ना।''

''तुझे बुलावे है।''

''तुझे पुकारे है।''

''साफ तुझे बुलाहट है...सुन।''

फिर आवाज आई—''लखना...ओ लखना! अरे, मरा सोया क्या? यहां आन मर!''

लखना एकदम गुदड़ी फेंक उठा और लपक के पास वाली खोली में जा खड़ा हुआ। उसे कंपकंपी छूट रही थी। दांत बजाते हुए बोला—''बोलो, सेठ!''

''सेठ के पिल्ले, गला फाड़ डाला मैंने! सुनता ही नहीं! पानी पिला, जरा गोली भी गुटकनी है। गठिया ने तो मार डाला साली ने!''

लखना तेजी से घूमा और दूसरे पल पानी का लोटा लाकर सेठ को थमा दिया। जब उसने गोली लेकर पानी पी लिया, तो थोड़ा रुकने के बाद बोला, ''और सेठ?''

''बस, जा पड़ रह। सुबू जल्दी उठना है।''

लखना बिजली की कल की तरह घूमा और धम-से अपनी गूदड़ में ढल गया, जैसे पल में मीलों लंबा सफर तय कर आया हो।

''ला...लाया?'' बड़के ने गूदड़ से हाथ निकाला।

''क्या रे?''

''पानी, और क्या? अकेला पीकर आ गया!''

''मैंने नहीं पिया पानी।''

''क्यों, तुझे प्यास नहीं?''

''प्यासा तो मैं अब भी हूं, पर आडर सेठ का था, सो उसे पिला दिया... मुझे पानी पीने की याद ही नहीं रही! रोज आडर देने वाला ही खाता-पीता है ना! अपन लोग तो बस...!''

आवाज की अरथी

सूरज ढले छग्गी पोखर टोले पहुंची थी। धनुष की ढब मुड़ी बांस की खपच्चियों पर सधी अपनी झुग्गी के सामने, कंधे पर झूलते तार के छींके-पिंजरे पटककर उसने हाथ झटक दिया। फिर ओछे हाथ को पूरे हाथ से सहलाकर सामने देखा—नरसिंघा मरी चाल से बढ़ा आता था। उसके कंधे पर टिकी सोटी पर रबर के डोरे में बंधे तोता-मैना सटे हुए डोल रहे थे। उसे लगा, भोर को जितने तोता-मैना थे, उतने ही अब भी हैं। एक कड़वाहट उसके सूखे गले में उतर गई।

पोखर की पुलिया पर बैठे फन्ने ने दोनों मां-बेटों को झुग्गी के सामने जो देखा तो लकड़ी के सहारे टांग उछालता उनके पास चला गया। थोड़ी देर चुपचाप रहा। छींके-पिंजरे और कागजी तोता-मैना के ढेर को देखकर उसने दोनों आंखें तरेरकर घूरा और बिना कुछ बोले झुग्गी के सिरे पर बिखरे अधबने खिलौनों को झल्लाकर एक ठो करने लगा। फिर एकाएक सामने पड़े खिलौनों और छींके-पिंजरों को दोनों के सिर पर मार गालियां बकने लगा।

"अब और पिंजरे-खिलौने बनाकर तुम दोनों के बापों को उसमें धरूं-बहलाऊं?"

"अरे! कुल्लाय क्यूं है, इन छींके-पिंजरों पर कोई हाथ न धरे तो मैं क्या करूं? किसी के गले बांध दूं इन्हें?"

"तू न बंध जा किसी के गले! इधर को गले फाड़ती, बस्ती-बाजार में बोल नी फूटता के ले लो छींका-पिंजरा...।"

"अरे, दिनभर बोला...गला फाड़ा पर कोई आंख न उठी। एक बाबू ने देखा। बोला, घरवाली पसंद करे तो ले डालूं...घर तक ले गया पर घरवाली थी कहां? लंडूरा था। मुझे ही बुलाने लगा घर में।"

"फिर?"

"फिर क्या? थूककर-पलट आई।"

"वाह रे सती सावतरी! थोड़ी पसर लेती तो कौन रूप ढल जाता?"

"मरद है कि सूकर...? लाज कर।"

"ओ लजवंती! जो सोई नहीं आज तक इधर-उधर।"

"मूंडकटे! मर! तेरे जैसे मरभूखे मेरे बाप ने ही इधर-उधर किया मुझे। बस, अपने मन से तो मूता भी नी तेरे मूं में।

"पूतनी है। सिकल देखी पोखर में? चमड़ीमढ़ी ठट्ठर, बजाओ तो ढब-ढब...बने है रसीली...खुसक पोखरी, बिछी जरूर होगी वहां; ऐंठा होगा कुछ, यहां चलित्तर दिखा रही। दिखा अंटी?"

"ले देख अपनी मां भेण का" कहते हुए उसने दो हाथ का लीतरा ही नहीं, फटियल चोली तक उतार फेंकी। भन्नाती हुई बोली—"और दिखाऊं तेरे को तेरी जनम-जगा?"

"अरी! परे समेट रूप अपना। बालक देखेंगे तो खौफा जाएंगे। कोई मरद जो देखेगा तो मरदानगी मर जायगी उसकी।"

"तू तो मरदुआ नहीं? मेरे को देख, तेरा मरद तो मर ही गया। खोदी है, जो खोदेगा नहर। भोतरा भुट्टा मरद बने है।"

"री मां! खों-खों ही करेगी या खाने का जुगाड़ भी बैठाएगी? भूख लगी है।" नरसिंघा चुप दोनों की बतभेड़ देख रहा था, अब बोला।

"ले खिला खसम को अपना मूंड।"

"खसम होगा तेरा भेण का, मेरा तो बेट्टा है।"

"बता, अपने बाप की मां के खसम! कित्ता लाया? तोता-मैना तो जूं ही बैठे हैं तेरी मां की मुंडेर पे।" फन्ने ने नरसिंघा से कहा।

"बप्पा! अब तो इन कागज के तोता-मैना को कोई ना पूछे। पिलास्टिक के खिलौने ला दे, वो बेच लूंगा।" उसने खींसें झाड़कर कुछ सिक्के सामने धर दिए।

"मर साले, पिलास्टिक गई तेरी मां की पोपली पेंदी में।" उसने तोते गिनते हुए कहा, "अरे! जे तो आठ हैं, मैना पंदरा और गुलदस्ते तो जूं के जूं हैं। पैसे कित्ते हैं? नब्बे, कुल? माखोर! बीस में से आठ बचे। बारा तोतों के एक बीस तो जे ही हुए और मैना के पचास अलग; कुल एक सित्तर का बेच हुआ। दे, बाकी किधर को?"

"पचास की पोस्त और...।"

"और क्या, बाकी मां के यार को चटा दिए? दूं एक झाप, बता?"

"एक चा और पांच की मूंगफली।"

"कंजर कूं हजार बार बोला, दो का बिकरा हो तो चा पिया कर?" फन्ने ने तन्नाकर एक थप्पड़ नरसिंघा को जमा दिया।

"कसाई क्यूं मारे है? दिनभर भूखा डोला, एक चाय पी ली तो कौन तेरी कुंआरी भेण का दूध पी गया?"

"आए छिनलिया! चुप कर, इसने अपनी ही कुंवारी मां का दूध पिया है, नी तो...बारा बजे से, तेरा बाप बाबू लोगों के कैंटिन के पास डोलता रहा। जूठन-फेंकन से पेट भरा...सांझ को फिर आ गया ठूंसने। मेरी झुग्गी में अब तुम दोनूं के लिए कोई ठौर नहीं। मरो पल्ले कोने में।" फन्ने ने बीड़ी सुलगाई और धौंकने लगा। रुककर बोला, "अब आना बेट्टे पोस्त पीने!"

"मैंने हजार टेम बोला तेरे कूं, इस लौंडे को पोस्त की लत में मत डाल...।" छग्गी उफनकर बोली।

"पोस्त की लत न हो तो, बेट्टा कल ही भाग खड़ा होगा। इसी से बंधा होगा।"

"ओ नीच! तो जूं पाल रखा है मेरे नरसिंघे को?"

"नी तो, तेरे रूप पे रीझा था? इसी खूंटे के बल तेरे को गले बांधा था, नी तो तू है कौन? समझ ले अब इसी लौंडे-लीतरे पर चलेगी तेरी रोटी।" तीनों के बीच चुप्पी तनी रही। थोड़ी देर बाद छग्गी ने आगे हाथ बढ़ा फन्ने के मुंह से बीड़ी झपट ली और सुट्टे लगाते हुई बोली, "ले ये डेढ़ और ले आ अद्धा।" उसने चोली के गूमड़ में से गांठ निकाली।

"कब से सहेज रखे हैं?" फन्ने के गुंजल चेहरे पर तनाव रुका और बिला गया। बोला, "तो ले लौंडे, पोस्त तोड़ और भिगो, आया मैं।" और वह लकड़ी के सहारे लंगड़ी टांग उचकाता उठ खड़ा हुआ।

सूखे-भीगे, झाड़-झक्कड़ भरे, तपते-ठिठुरते, बरसते-रिसते उनके दिन और रात वहीं पोखर के आजू-बाजू पड़ी खुली जगह में तनी खोलियों में खपते थे। वहीं बच्चे जनमते, किलकिलाते, बिलबिलाते, बढ़ते और किसी को अपने बेहाल बेघर होने का गुमान तक न होता। पर इस बार पूस, ठंडी आग बिखेरता आया। ठंडी के साथ बेधने वाली बयार उनके कंकाल को खंगाल गई। बूढ़े कंपकंपाने लगे। टाबर दांत किटकिटाते, बड़े मोटियार झुरझुरी नहीं झेल सके और नन्हे तो लंबे ही हो गए।

वैसे अनोखा-अनभोगा कुछ भी नहीं था। ऐसे मौसम पहले भी आए थे और

ठसक बता बीत गए थे। पर इधर जब से रैन-बसेरों की बात पोखर टोले में चली, तभी से सब एक ठौर जुड़े थे और रातें उधर ही रैन-बसेरा में काटने की ठानी थी।

रैन-बसेरे में आज पहली ही रात काटकर टोले के भाइले-भाइयों और मां-भैणों ने आंखें खोली थीं। बसेरे के फेराव में उन्हें अजीब-सा लगा जैसे दूजे देस नहीं दूजे लोक आ गए हों।

पेटी में बंद मुर्गे की बांग के साथ ही टोले में तू-तू मैं-मैं, रोना-पीटना मच जाता था। यही उनके जीने-जागने की पहचान थी। आदमी लुगाई के झोंटे नोचते, लुगाई मरद की मूंछ उखाड़ लेती और फिर एक-दूसरे की आसकी-मासकी बखानी जाती।

"तू तेरे भेण के मरद के साथ सोई।"

"तूने तेरी भौजी संग मूं काला किया।"

"तू चोर।"

"तू छिनाल।"

"तेरा बाप धाड़वी।"

"तेरी मां के चलित्तर देखे।"

"ये मेरा मूत नी। तेरे भाई का तुखम।"

"ऐ, लाज मर, में नी बोल दूं, तेरा मूत तेरी भेण की कोख।"

"ओ चंडिए।"

"ओ रंडुए।"

"खसमखानी, आदमखोर।"

"लुगाई का रज-पीने, नीच।"

पोखर टोले में यही सब चलता है। फिर सांझ को जुटाए फूस-फाचर, कागज-कूड़ा, टहनी-ठूंठे धधकते, बीड़ियां सुलगतीं। रात के भीगे पोस्त के छिलके आग पर धरे-कठियाए डिब्बे में खौलते, खुदबुदाते, फिर चीकट धोती के छोर से छन-छनाकर टूटे हैंडिल के मगों में ढल जाते। पोस्त की गंधियाई भाप में वे एक-दूसरे का मुंह जोहते और कभी चहक और कभी अनबोले बोल के साथ उसे अपने सूखे गले की घाटी में उड़ेल लेते। आकाश की लाली टूटकर जब उनके आंखों के डोरों में बस जाती तो वे पोखर-पुलिया से सूरज का चढ़ना देखते। बूढ़े-बड़े मोटियार नाले पर खड़े चाय वाले सिंधी के खोखे के आगे जा बैठते। फिर बोल के गोल फूटते, फिर झंझट-झगड़ होता। हाथापाई तक की

नौबत आ जाती। किसी को अजब नहीं लगता। सब जानते थे, यह रोज होता है। लोग देखकर भी अनदेखे निकल जाते। चाय की सुड़क के साथ फिर खों-खों होती, फिर दांतों में बीड़ियां दबा टोली बिखर जाती, रोजी-रुजगार के लिए। किसी के कंधे पर टीन के कनस्तर पीटने, ठीक करने के औजारों की पेटी झूलती, किसी के सिर पर चीनी-कांच के बरतन और फटे-जूने कपड़े होते। कोई कागज-गत्ते के खिलौने लिए होता। दिन में कभी-कभार मिलना होता, सांझ पड़े फिर जुड़ते...फिर जिंदगी बजने लगती।

"तू पी आया कमाई, तेरा चांचर रांधूं?"

"तू खा आई कबाब-कचालू, अब खा गू-गोबर।"

"मूंडकटी, मां को बीड़ी-चा चटानी थी तो उसी के संग सोता; रांड क्यूं लगाई गले?"

"बाप-बूढ़ल के मूं में दारू क्यों मूता? जा, उसी से अपनी टांग गरमा।"

"मूत हरामी का दूध मेरा," बोल के साथ कोई मां चिथियाई छाती ठूंस बच्चे को धबक देती।

रात के बसियाए गले में, भोर-किरन के पथराए जाने पर भी जब पोस्त-रस न उतरा तो रैन-बसेरों में ही बकझक की झड़ी लग गई। आज वे सरकार और नेताओं के मां-बापों को बखान रहे थे। उनसे रिश्ता-नाता जोड़कर चिल्ला रहे थे—बस एक टटरा गोदाम-सा खोल दिया और बकरों-बैलों की जूं भर दिया सबको। चा-पानी कुछ भी नहीं। कोई नौ बजे प्रबंधकजी आए तो कुहराम मचा था। गंदगी अलग। सब देख-सुनकर उन्होंने माथा पीट लिया और पोखर टोले वालों को निकाल बाहर किया। वे बकझक करते, गालियां उछालते, रैन-बसेरों से बाहर आ गए।

सांझ घिरे पोखर टोले ने आज फिर सांस ली। उखड़े बांस-खपच्चियां फिर खड़े हुए थे और टीन-टाट ने तनकर बित्ते भर जमीन को आकाश की छांव से काट दिया था। दस-बीस झुग्गियां फिर उभर आई थीं। जैसे-जैसे पहर बिलमाए भोर हुए, फिर जुगत जुड़ी। और दिनों की चलते आज चिल्लपों कम थी। बीड़ी के सुट्टों से खोलियों में धुआं अटा जा रहा था।

"खेल-खिलौने कोई लेवे नी, छींके-पिंजरों के दिन गए। अब जूं कैसे चलेगा?" छग्गी ने अपनी छठी अंगुली चटकाते हुए कहा, "अपना तो टेम टल गया, नरसिंघा बिन खाए नहीं रेणे का।"

"तू करे ना कोई जुगाड़! तेरे तो बीस ऊपर एक उंगली है।"

"जासती उंगली दीख रही है। भगवान ने जो दो की ठौर डेढ़ हाथ दिया वो दीदे में नी आता।" उसने अपने ठूंठे-से हाथ को नचाकर कहा।

"किचकिचाने का टेम नी। छोकरे को मना ले, सब फिर चल जाएगा।"

"छोकरे को क्या करना बोल?" उसने गूदड़ी में पड़े नरसिंघा के धूसर बालों में अंगुलियों से कंघी करते हुए पूछा।

"इसे करना कुछ नी...बस बजरंगबली बनना है।"

"बजरंगबली...हनुमान?"

"ऐसे पूछ री है जूं हिंदू नी, तुरक हो।"

"बोल भी, कराएगा क्या उससे?"

"कुछ नी बस...उसकी देह पर एक लाल लंगोट धार देंगे...सिंदूर से बदन पोत देणा है, फिर मूं में रामगोला ठूंस के बाल धोने की मिट्टी से लीप, पीछे बानर-पूंछ खोंस, खप्पर थमा उसे सहर-बसती में डोला देंगे। कुछ तो धरम लोगों में है, दान-दच्छिना मिल ही जाएगी।"

"इसके मूं में रामगोला ठूंसेगा? ऊपर मिट्टी पोतेगा? मेरे बछड़े का दम नहीं घुट जाएगा?"

"तेरा जना, दुधमुंहा कुंवर कन्हैया जू नी, दस ऊपर दो का धींग है—उसकी जवानी नाक-कांख के नीचे फूट रही। समझेगी नी और बक-बक लगा देगी। सुन, इसे थोड़ा नाक से सांस लेने की आदत बनानी पड़ेगी। दो-एक दिन यहीं रबत डाल देंगे, आज से ही ले।"

"ये क्या करतब हुआ भला पेट पालने का, मेरे बेटे की सांस मैं नी बंद करने की।"

"यूं तो सांस बंद नी होगी। खाने को जो नी मिलेगा तो उसकी तो क्या, तेरी भी बंद हो जाएगी। पोस्त का पानी जो गले नी उतरा तो बैठा नी होगा मरा पड़ा रहेगा। उधर उसकी महतारी का मूतना-हगणा रुक जाएगा।"

"और तू कौन पहाड़ चढ़ जाएगा, तेरी भी आंख नी उघड़ने की। मेरी कोख फटी है न...अपना तुखम होता तो लगता।"

"अरे! मेरा तुखम होता तो कौन राज करता? इधर-उधर मोटे-मानुस की सेवा-टहल में खुटता, मिमियाता डोलता, या तेरी-मेरी तरज पर भूखों मरता...तू नी चाहे तो मुझे क्या पड़ी? मैं फिर छींके-पिंजरे गढ़-गांठ दूंगा, रद्दी कागद-गत्ते के फिर मोर-चिड़िया बना दूंगा। लिए डोलना उन्हें, उड़ाने-बेचने को...तू जाणे अपनी तो डेढ़ टांग है, उसे लेकर लंगड़ाता-लठियाता चल भर सकूं हूं।" इतना

बोल फन्ने ने पास बिखरे 'मजबूत इरादा, कड़ी मेहनत, पक्का अनुशासन' वाले पोस्टरों को सहेज लिया और खिलौनों के लिए कतर-ब्यौंत करने लगा।

"जय बजरंग बली, तोड़ दुश्मन की नली!" के ऊंचे बैन के साथ नरसिंघा को हनुमान का रूप धरा के फन्ने ने जब झुग्गी के बाहर किया तो टोले वाले हंसते-खिल्लाते अचरज-अचंभा करने लगे।

"अरे ओ फन्ने! जे मानुसजात को बानर क्यूं बना दिया रे?" तगड़े हूरे ने डटियाते हुए पूछा।

"धौंकनी के! जीभ जलेगी, बजरंगबली कूं बानर बोले। बोल जय हनुमान!" छग्गी ने साथ दिया तो पास खड़ी लुगाइयों ने भी दोहरा दिया।

"मां-बाप से मजूरी-मता नी होवे...छोरे के मूं में गोला ठूंस दिया। दम घुट मर गिया तो?"

"अरे, बिचार भी, परबत उठा लिया तो मरे नी, रामगोला मूं में रख लिया तो मर जाएंगे। फिर नाक-कान से राम-पौन जाएगा ही। वो भी नी तो राम-भगत कभी कोई मरा है?"

"अधरम का नास हो!...बोलो, जै बजरंग बली की!"

इस बार कई बोल साथ उठे। छग्गी ने हाथ जोड़ हनुमान के चरणों में सीस नवाया तो पास खड़ी लुगाइयों के हाथ भी जुड़ गए। बूढ़े-बीमार बोल उठे—"रावन की लंका जारो, संकट टारो!"

फन्ने ने नरसिंघा के हाथ में सुनहरी पन्नी से मढ़ी गत्ते की गदा और दूसरे हाथ में भीख का खप्पर थमा दिया और उसे टोले से बाहर शहर की तरफ हंकाल दिया। टोले के लड़के-लीतरे तालियां बजाते पीछे दौड़े तो फन्ने ने उन्हें डटियाकर बरज दिया।

'हनुमान' बना नरसिंघा जब तक टोले में खड़ा था, उसे लगा था आज वह बड़ा हो गया है, बहुत बड़ा। टोले के बड़े-बड़े बूढ़े उसे हाथ जोड़े सीस नवा रहे...पल-पल मारपीट करने वाला फन्ना उसके आगे झुका था। पोखर पार कर जब वह मजूर बस्ती के छोर तक पहुंचा तो उसे धूप खाते छोरे-छोबरों ने घेर लिया।

"अरे! जे कऊन? बानर...बजरंग बली।"

"ओ-ओ, तू किहां से आया?"

नरसिंघा ने उन्हें आंख चौड़ा करके घूरा तो एक बोल उठा—"ओ बोड़म, तेरा जे रूप! अरे! भेण का जे तो आपन नरसिंघा।"

"ओय नरसिंघा! जे तेरी गदा, जे तेरी पूंछ। अरे! जे कैसे? बानर का मूं तो काला होवे, तेरा सुफेद और फिर उसमें जे का?" कहकर चंदू ने उसके मूं-गोले पर हाथ फिरा दिया।

नरसिंघा को मजूर बस्ती में इसी का डर था। उसका चंदू से कल ही टंटा हुआ था। वह नरसिंघा से अंटस बांधे था। सोचता हुआ वह आगे बढ़ा कि फिर चंदू सामने आ खड़ा हुआ। उसने हाथ बढ़ाकर उसका मुंह काला कर दिया। जाने कहां से वह काले में हाथ सान लाया था। नरसिंघा भभककर 'हू-हू' करने लगा। आगे बढ़ा कि उसने पीछे से उसकी दुम खींच ली। सब खिलखिलाकर हंस पड़े। अभी और भी गुल खिलते कि तभी काम-कमठान पर जाते मजूर-मजूरनियों ने बचाव कर पूंछ ठीक लगा, उसे बस्ती के पार कर दिया।

बस्ती पार कर वह बाजार पहुंचा। पहले तो धमक-धमककर चलता, फिर पेढ़ी-दुकान के आगे जा खड़ा होता। इधर-उधर खूंदता, लोगों का ध्यान बंटाता और भीख का पत्तर आगे कर देता। कोई देता, कोई धकियाता। इसी तरह वह दूजे पहर तक डोलता रहा।

वैसे फन्ने ने उसे कई दिनों खूब रबत करवाई थी—नाक में नली घुसेड़ सांस लेने की। एक बार तो गोला उसके मुंह में भरकर उसे दिनभर झुग्गी में रखा था। महावरा हो जाने से दम तो नहीं घुटता था, पर मुंह में ठुंसे गोले से उसके जबड़े तने के तने रह गए थे। नाक से सांस लेते-लेते वह थक भी गया था, पर उसने हिम्मत नहीं हारी। फन्ने का भी डर था। उसने साफ बोला था—"बेट्टे! जे मजूरी है। कामचोरी न करना। भूखों ही नी मरेगा। पोस्त के फोक का रस भी नी मिलने का तेरे को...और तेरी मां भी दूजे ठौर किसी मरद के जा बैठेगी, फिर तेरा किन ठौर?" सोच में डूबा था कि टप से पत्तर ठिनका। किसी भगत ने पैसा गेरा था।

चढ़े सूरज की किरन, सिंदूर पुते तन पर काटने लगी तो वह एक तरफ सुस्ताने बैठ गया। सड़क से पीठ मोड़ उसने पत्तर में हाथ घुमाया तो पांच-दस पैसों के सिक्कों से मुट्ठी भर गई। गिने तो दो रुपए ऊपर बीस पैसे थे। उसने चाहा—पैसे कहीं सहेज ले, पर रखे कहां? कुरता-कच्छा होता तो खीसा-खीसू होता, यहां तो लंगोट के नाम देह पर एक चिंदी बंधी थी—बस।

"हनुमानजी, अपनी पूंछ सहेजो—पैर पड़ गया तो पाप लगेगा!" इतना कहकर उस मजूरनुमा आदमी ने उसकी पूंछ उसके हाथ में थमा दी और उसके सामने दस पैसे फेंक दिए। अब दो रुपए से ऊपर मजूरी हो चुकी थी। वह पांच पैसे की मूंगफली और एक 'चा' का हकदार हो गया था। पर खाए-पीए कैसे?

मुंह में रामगोला जो ठुंसा है। उसे अब भूख लग आई थी। भूख तो रोज लगती और मरती है, पर प्यास? कैसे पीए पानी? उसने एक बार गोला उगल डालने की सोची पर फिर कैसे गोला भरेगा—मिट्टी पोतेगा? यही सोच वह रुक गया। थोड़ा ठहरकर वह उठ खड़ा हुआ। दो-एक दुकानदारों के आगे उसने खूंद भरी भी, पर जब प्यास और सताने लगी तो आगे न जा, जिस गैल आया था, उसी पर बढ़ चला।

वह वाल्मीकि बस्ती के आखिरी छोर पर खड़ा था, तभी स्कूल की छुट्टी हुई। स्कूल से छुटे छोरों के टोल ने उसे आ घेरा। घंटों पोथी-पाथी से रुंधे छोरे अब चुहल पर चढ़े थे। एक डाटक छोरे ने पूंछ ही नहीं उखाड़ी, उसकी गदा भी छीन ली। वह बिलबिलाकर हूं-हूं करता धमक रहा था कि एक हाथ उसके खप्पर में पड़ा और सिक्के खनखनाकर धरती पर बिखर गए। उसने 'बचाओ-बचाओ' की गुहार जीभ पर उगाई, पर बैन कंठ में घुटकर रह गए। उसने हड़बड़ाकर सिक्के सहेजे तो अब उसके पास कुल एक रुपया दस पैसे थे। दुश्मन की नली तोड़ने वाले बजरंग बली दुश्मन को महाबली देख खुद रोने लगे। उसने मुंह से गोला निकाल गला फाड़कर रोना चाहा, पर...दिन भर भूखा-प्यासा-अनबोला रहा और मजूरी लुट गई। बाप्पा को क्या बोलूंगा? वो मानेगा, भरोसा करेगा? सोचता हुआ वह उठा और मरे-मरे पग बढ़ाता पोखर की पुलिया के पास जा खड़ा हुआ।

आगे फिर नरसिंघा का वही सांग था, पर अब उसके साथ छग्गी लगी थी। एक हाथ में सोटी और दूजे में भीख-पातर थामे। 'जय बजरंग बली, तोड़ दुश्मन की नली!' के जै बोल के साथ पीछे चलती ऊधमी छोकरे-लड़कों के झपट-झोटों से महाबली को बचाती।

कल नरसिंघा ने लाख हनुमान रामजी की आन ले कहा था—"मैंने रामगोला काढ़ मूं नी खोला, न खाया, न पिया। पहर खूंदना और मांगना किया"—पर फन्ने ने एक न मानी। उसने डटियाया-धमकाया ही नहीं, उसकी कुट्टस भी की। छग्गी फिर छींके-पिंजरे लिए खाली हाथ लौटी तो उसने हुकम दिया कि कल से वह भी उस 'रोनिए-टुकड़िए बजरंगे' के साथ जाएगी। वैसे भी कौन कमा के जुटा रही? इसीलिए मां-पूत आज संग-संग डोल रहे थे।

पेड़ों तले धूप घिरती के दोनों निकल जाते। बजार-बस्ती में मांगते घूमते। परछाईं के पेड़ बनते-बनते जहां अलगाव दिखता, वहीं नरसिंघा अलसा के बैठ जाता। खाने-पीने की हठ करता। छग्गी नहीं मानती तो पसर जाता। खड़ा न होता। हारकर छग्गी उसके मुंह से गोला हटा उसे कुछ खिला ठंडा पानी पिला देती।

खा-पी के भी वह फिर से गोला मुंह में धरने को राजी न होता।

"माई री! मैं बोलने-हंसने को तरस गिया। इस कठगोले से जबड़ा पिरा गया। किसी दूजे हिल्ले लगा दे ना।"

"दूजा हिल्ला? अपनी 'जनती' को नचा चौपड़ पे। पर इस डाइन को कौन देखे? तू कौन मर जाएगा जो एक तनी दड़ी-गेंद मूं में रख लेगा?"

"मरने की नी बोलता। नाक में खुंसी नली से खूब सांस लूं हूं पर आसपास देख, तेरे सूं बोलने-हंसने को जी करे पर बोलूं कैसे? सुभू ननकी मुनिया मुझे देख डर गई। भूत...भूत बोल पीठ फेर खड़ी हो गई। मेरे जी में आया प्यार कर पुचकार लूं...।"

"आया बड़ा प्यार-पुचकार वाला...।"

"क्यों, बच्चों को प्यार-पुचकार पाप है भला?"

"अरे, तू भी कौन स्याना है? बालक ही है। तुझे प्यारा-पुचकारा किसी ने जो तू भी वैसा ही करेगा...सौ ऊपर बीस, तेरे मरे बाप के हाथ धर, फन्ने ने मेरे साथ तुझे भी अपने हिल्ले लिया है—भरी बिरादरी के आगे। फिर पोस्त की लत न हो तो मैं ही भगाकर पार कर देती तुझे पर...चल, खोल थूथनी!" और उसने जबर से रामगोला उसके मूं में ठूंस, गोल हाथ फिरा उसे ज्यों-का-त्यों कर दिया।

दोनों फिर चल निकले। छग्गी पतरा पसारे घिघियाती और नरसिंघा दुकानों के आगे घूमता-खूंदता रहता! जब धूप पीली होकर मरने लगती, दोनों पोखर के टोले को मुड़ जाते।

यूं तो छग्गी-नरसिंघा हर सांझ फन्ने के आगे डेढ़-दो रुपए की रेजगारी लाकर बिखेर ही देते, पर इससे काम सधता नहीं था। नरसिंघा समेत छग्गी को अपने 'घर घालने' के लिए फन्ने ने जो करजा कराया था, उसका बोझ माथे था ही, ऊपर एक छेक और था कि—जो फिरे, वो चरे, दोनों मां-पूत तो कमाई से परबारे पैसा मार दिन में कुछ-न-कुछ खा-पी लेते थे और वह दिनभर पुलिया पर बैठा, उबासी लेता जुएं झारता रहता। छग्गी ने 'रामजी की सौं' ले गंगा मैया का वास्ता दे उसे कमाई न खरचने का बिस्वास दिया था, पर उसे परतीत न होना था, न हुआ। और होता भी कैसे? एक दिन उसने रामगोले पर पहचान की रेख डालकर उसे आगे रख नरसिंघा के मुंह में धरा था, पर जब सांझ उसने खुद गोला अपने हाथ से निकाला तो पहचान की रेख पीछे थी। उसने दोनों को खूब कूटा-पीटा भी, पर कमाई में बढ़ोतरी कहां? उसे दिनभर सोच रहती कि क्या जुगत जोड़े के कमाई बढ़ जाए। नाम उसका फन्ने था। वह कई फन जानता था,

पर सर मारकर भी वह कोई फन न निकाल सका।

उस दिन गिनती भर को सिक्के लाकर छग्गी ने फन्ने की हथेली पर धरे थे, फिर भी वह चुप रहा था। रात को वह ठीक से सो न सका। जब-तब कुछ बुदबुदाता रहा था। भोर को भी वह 'राम-राम सियाराम' रटता रहा था। सूरज के थाल के दमकते ही वह 'राम लक्ष्मण जानकी, जय बोलो हनुमान की' के जैकार के साथ लकड़ी टिकाता टोले से निकल गया था। जब लौटा तो उसके चेहरे पर संतोष की रेखा अंकित थी। उसने सर खपाकर अपने बालपन में रामरखा पंडित से सुनी 'सीताराम बजरंगबली की कथा' से आखिर 'रामफल' और 'रामफल के बीज' की जोड़-तोड़ बिठाकर एक नई कथा गढ़ ली थी। 'भगतों का, खास तो मा-भेणों का धरम-धियान खिंचेगी जे कथा'—इसी आस-बिस्वास को पाल वह अदालत के आगे दरी बिछाए बैठे बाबू के आगे जा टिका था। बोला—"बाबू, एक की ठो सवा ले लो, पे जैसे हम बोलें वैसा मोटे कागद पर जई मसीन से लिख दो।" वह बोलता गया था और बाबू अंगुलियां मारकर कागज पर टिप-टिप करता गया था। बिना चां-चूं किए सब पूरा हो गया तो पैसे देने के पहले फन्ने ने कहा—"बाबू, जो लिखा पढ़ दो एक बार।" वह पढ़ने लगा था—

राम लछमन जानकी, जै बोलो हनुमान की! तो भगतो, जो होनी थी जूं हुई। राम लछमन जानकी बन में रहें। सिंझया आकास में जूं फूलै जैसे मन में छलबल की जवाला फैले। सोने का हिरन एक चौकड़ी मारता डोलै। जनक दुलारी की नैन हिरन की भोली दीठ सौं जुरैं। मोहिनी रूप-छबी देख बोली—नाथ! इसे लै आओ। हम पालैं-पोसैं। रामजी समुझावैं—परान पियारी माया का देस है; जो यह बन है। कौन जाने ये मरगछौना किसी का हो जादू-टोना। लछमनजी हामी भरैं, पर भगतों, जानो तिरिया हठ। सीताजी देवी थीं, सती थीं, पर थीं तो लुगाई जात। बस पकड़ बैठीं तिरिया हठ।

राम लछमन जानकी, जै बोलो हनुमान की!

चले राम, उठा धनुष-बान। लछमनजी जानकी के निगाहबान। राम पीछे—छौना आगे। जैसे माया हरि से भागे। सांझ बिलानी-निसा घिरानी। राम न आने पल-छिन गुंथ पहर बनैं तो जानकी हिरानी। दांई आंख उड़ै, मन डूबे, बोलैं ब्याकुल बानी—देवरजी, जाओ! अपन भय्या को ल्याओ। लछमन जी करैं आनाकानी। बियाबान बन कैसे छोड़ै राजरानी। पर सीताजी पल बिफरैं। काट करता बोल मारैं। सीताजी को लछमन-रेख भीतर घाल। राम खोजन चलें

लखनलाल।

राम लछमन जानकी, जै बोलो हनुमान की!

फिर तो जानो भगतो! लंका के रावन की जो कुटिलता थी, फली और जानकी गई छली। उनका हरन हुओ। राम-लछमन डेरे आए। सीता नहीं पा अकुलाए। राम करें बिलाप, लछमन अपनी करनी पर पछताए। शबरी-जटायु सब आए विपद जान, अंत आए पवनपूत हनुमान। हाथ जोड़ राम चरनों में सीस डाल मां जानकी का अता-पता लगावे का परण धार। चरण-रज ले बोले विकराल। पहाड़ फांद उड़ चले बजरंग बाल। बन-बन छानें, नदी-नद खंगालें। पे सीता मैया का ठौर न पावें। तीन दिन तीन रात अन्न न जल, कंद न फल, परान हिरानै, कंठ सुखानौ। देव राम दुखी—मा जानकी गुमानी। खावै-पीवै कैसे? हनुमान सयानौ। पे परान जो न रुकैं, तो मां को भी कैसे पावैं? बस जे ही धार रामफल एक मुख में गेरो। रामनाम लिए हिरदय जुड़ानौ। पे रामफल के बीज धरती पर कैसे डारैं। जे तो राम भगत को हीय बिदारैं। कभू नहीं, बस पिरण किया जूंही मुख में धारे रहें। फिर दिन उगै, निसा घिरै। इत्ते में राम उच्चार सूं मुंह में पड़ा बीज अंकुरै। अब हनुमान रामनाम कैसे उचारैं? पर हठी हनुमान धरा पर बीज न डारैं। मन-ही-मन राम पुकारैं। बीज मुख में फैले। अब हनुमान सांस कैसे लेवैं? दम घुटै सांस रुकै पर हनुमान परण से ना टरैं। रामफल के बीज मुख धारै अंत को जा पूगे लंका के असोक बन। बस वहीं सीताजी कूं राम की मूंदरी दिखाई। सीताजी पूछें राम-लछमन की कुसलाई। पर हनुमान मुख से नहिं बोलैं। हनुमान कूं मौन-आकुल-ब्याकुल देख सीताजी ने आपन तेज जगायौ। हनुमान की मन चीतीं कूं टोह पायो। के राम के परम भगत रामबीज मुख में पुसाएं। फिर क्या? राम दुलारी ने आपन आंचर फैलायो। हनुमान ने रामफल बीज आंचर में गेरायौ। सीताजी ने हनुमान कूं जलपान करायौ। अपना भाग सराहौ। और जयरामजी के साथ सीताजी का समाचार ले हनुमान रामचरणों की ठौर उड़ै।

तो भगतो! तभी से जो देवी रामफल के बीज को आपन आंचर में धार इन रामभगत हनुमान की जलपान से सेवा करैं, उन्हैं राम उसी ढब मिलैं जैसे जानकी को मिलैं। राम लछमन जानकी, जै बोलो हनुमान की!

ठिकाने पर आकर उसने बांस पर टंगी परबत धारे हनुमानजी की फोटू को चौखट में से हटा गुड़ीमुड़ी कर नमक की हंडिया में डाल दिया और उसकी ठौर अपनी गढ़ी कथा के कागद को मढ़ दिया।

फन्ने की सूझ ठीक बन पड़ी थी। राम-बीज की जो कथा उसने गढ़ी थी,

खूब चली-फली थी। अब फन्ने भी बजरंगबली के संग हो लिया। पढ़े-लिखों को वह जाकर ना-ना करते भी कथा की कांचमढ़ी पाटी थमा देता और जो ना पढ़े होते, उन्हें खुद डूबकर भगती-भाव से रामफल की कथा सुनाता। धूप सेंकते अपने छोटे-मोटे धंधे में लगे लोग कथा के बोल सुन-समझ लेते और कुछ-न-कुछ दान-रूप कथा-पाटी के कांच पर धर देते। कभी-कभार कोई भगत उन्हें न्यौत ही देता। पहले फन्ने कथा सुनाता, आंखें भर लाता और बीच-बीच में बजरंगबली का रूप धारे नरसिंघा के चरण छूता। छग्गी आंखों से आंचल लगाती। फिर जब कथा पूरी होती तो कोई भगतीमती घरनी बजरंगबली के आगे आंचल पसार खड़ी हो जाती। 'जय राम', 'जय सियाराम' की रट लगाती। 'राम-भगत हनुमान की जै' के साथ राम-बीजदान की विनती करती। पहले तो बजरंगबली सुनी-अनसुनी करते। फिर विनय-चिरौरी होती तो रामगोला छोड़ मुंह में धरे रामफल के बीज आंचल में उगल देते। तब जलपान-भोग होता। पहले बजरंगबली जल लेते, फिर भोग लगाते। बाद को फन्ने और छग्गी खाते, पहले नहीं। बोलते—पहले राम-भगत भोग लगावैं, तब राम-भगत के भगता परसाद पावैं।

इधर नरसिंघा को फन्ने पोस्त का रस भी छककर पिलाने लगा था। उससे हंसी-चुहलें भी करता। छग्गी भी कम ही पिटती। दिनभर बीड़ियों के सुट्टे उड़ाती। फन्ने से ठुमक-ठुमक बतियाती। पर नरसिंघा गुल-गप्प-मूक रहता। अच्छा से अच्छा भोग लगाकर ठौर पहुंचता, पोस्त पीता और बीड़ी का धुआं उगलकर पड़ा रहता चुप-चुप। बुलाने पर भी 'हां-हूं' ही करता। बिन बोले भी उसका मुंह खुला ही रहता। कभी जब मुंह में मक्खी भिनभिनाने लगती, तभी वह मुंह बंद करता। मन से तो बोलता ही नहीं, पर जब बोलता तो बेपर की हांकने लगता।

"मैं बजरंगबली हूं—फन्ने, तू मेरा चाकर—मैं तेरा ठाकर...मेरा जूठाखाने! मेरा हगा खाएगा? और तू कहां की महतारी...फन्ने का मूत पीती। उसके मूं में दारू का कुल्ला करती—मेरे मूं में गोला ठूंसती। इस लंगड़ को अपनी टंगड़ पे सुलाती और मुझे टांग मारती। मैं कभू तुम्हारी लंका में लंपा लगाऊंगा। भगत-भगतन को भी मूत में बसाऊंगा।" उसकी बक-झक सुन कई बार छग्गी फन्ने से लड़-भिड़ गई थी—

"हजार बार बोला तेरे कूं, इस लपरू को जास्ती पोस्ता का पानी मत पिला पर...।"

"अरे, तेरे बंदर को जब भोग के नाम माल-मलीदा उड़वाऊं तब तो नी बोले तूं...फिर पोस्त, कौन तू हग रही...पैसे काटूं तभी आवे ना।"

"कौन तू पैसे अपने पसीने के काटे? दिनभर मेरा छोरा गोला-पटी कटी जीभ लिए डोले, तभी आवै ना पैसा।"

"अरे रीछनी! अपनी जली जीभ से तू-मैं दोनों क्या कर रिए जो तेरा जे मा-चेंट बेटा कर लेता! फिर कौन परबत उठा लिया जीभ पर, एक हलका कठगोला और दो बीज ही तो धार रखे हैं थोथ में...बदल में माल-मलाई पावे, ऊपर से नसा-नुसी का ठाठ अलग।"

"अरे ओ लंगड़-बतंगड़! तू ही ना कर ले, भर ले सब सांग। मैंने भोत किया। अब तू बन बजरंगबली, मेरे भाई के साले!" एकाएक नरसिंघा फटाफट बोल गया।

"लंगड़-बंगड़ जो बोल, हूं तो तेरी मां का खसम। मैं जो ये सब करने लगा तो तुम दोनों खाओगे क्या मेरा हगा-मूता?"

"री मां! अब जे मौन-मजूरी मेरे से नी होनी। छोड़ इसकी झोली-झुग्गी और कहीं और जा पड़, कहीं काम-मजूरी करेंगे।" नरसिंघा ने छग्गी का हाथ थाम कहा।

"है इस छगली की हौंस जो चले और ठौर? फिर सुभू उठते ही पोस्त का पानी गले न उतरा तो दो दिन में मैला मूं से निकलेगा।" फन्ना तनककर बोला।

"बेट्टा! कसाई के खूंटे बंधे हैं हम दोनों। सो भी जा!" कहकर छग्गी ने उसका माथा सहला दिया।

फन्ने के होंठों में ठूंसा बीड़ी का सुलगा ठूंठ खोली के अंधघुप्प में लाल जुगनू-सा दिप-दिप भर रहा था। नरसिंघा की गुर-गुर अब भी न थमी तो छग्गी ने फन्ने के होंठों से बीड़ी झपट उसके मुंह में ठूंस दी।

भोर में नरसिंघा बड़ा अनमना था। किरन काटे पर कुनमुनाकर करवट ले उसने फिर आंख मूंद ली। छग्गी ने हाथ पकड़ उठाया। तन पर मिट्टी पुतवा हाथ से मुंह में गोला ठूंस, गदा तान उठ खड़ा हो गया। थोड़ी देर बाद 'बजरंगबली की जै' के साथ तीनों फिर सड़क पर थे।

आज रामनवमी थी। फन्ने ने कुछ बड़ा और बढ़िया पाने के हेतु सहर से सटे गांव की सुध ली। उसने घर-घर हर चौखट पर, कथा-पाटी बखान खासा पैसे जुटा लिए। सूरज ऊपर आए-आए तभी उसे बीजदान के दो-एक न्यौते मिल चुके थे। पर आज वह वहीं भोग लगवाने की सोचे था जहां खानपान से आगे

लत्ते-लूगड़ की जुगत बैठ सके। उसने बजरंगबली के मन-मान का हीला ले पतली हालत के जजमानों को टाल दिया और बस-अड्डे के आगे लिलाए खेत में खड़े बड़े 'रामभवन' को बढ़ चला। वहीं भोंपू पर रामधुन लगी थी और सांझ को ही उसे संपूरन होना था।

'रामभवन' के ठीक सामने उसने जमावड़ा लगाया। बैठे-बैठे देर हो गई। किसी को आता न देख उसने बीड़ी सुलगाई। दो सुट्टे मारे ही थे कि नरसिंघा ने बीड़ी लपक नाक के छेद में खोंस ली और फिर जोर-जोर से ऊंची सांस लेने लगा। उसकी नाक के दूसरे फुनगे से धुआं निकला ही था कि तभी घर की मालकिन सामने आ पड़ी। थोड़ा देख-समझ बोली—"कैसा है तुम्हारा बजरंगबली? बीड़ी का भोग लगावे, वो भी नाक से।" इतना कह मुसकान-सी तान आगे हो गई। तभी फन्ने ने झट उसकी नाक से बीड़ी झपट दूर फेंक दी और 'जै बजरंगबली' के साथ पाटी उसके आगे कर दी।

"मैंने सुन रखा है तेरे बजरंगबली और रामफल की कथा के बारे में...मैंने तो तुम्हें न्यौतने के लिए उन्हें कहा भी था। बैठो, आती हूं।" कहती घाघरे-लुगड़े में बसी धरम-धियान वाली अधेड़ उमर की भगतन घर में हो ली। घड़ी टले वह आई। बजरंगबली की आरती उतार, आंचल फैला, सामने खड़ी हो गई। नरसिंघा ने मुंह चौड़ा कर गोला हटा रामबीज आंचल में उगल दिया। न जाने कैसे बीजों के साथ लदे थूक का थक्का भी गिर गया। उसने आंखें तरेरीं। तभी 'जै सियाराम' के संग रामगोला धमक से फन्ने के कंधे पर जा लगा।

"अरे, जे का करो, बजरंगबली?" फन्ने उफान रोक बुदबुदाया।

"तोड़ दुश्मन की नली! राम कूं बेंच बजरंगबली को कलपाने वालो ढोंगियो! लुच्चो! मेरी आवाज की लास खाओ तुम..." नरसिंघा चीखता बोला।

"क्या हुआ रे तेरे कूं?" छग्गी ने पूछा।

"चुप...दोनों दिनभर हा-हू कर हंसो, ठिठोली करो। भला देख बोलो, बतियाओ...मैं दिनभर कठगोले के नीचे जीभ दबा अरथी-सा डोलूं-फिरूं।"

"के बोल रिया तुमारा बजरंगबली?" मालकिन ने पूछा।

"अरे नरसिंघे, पगला गिया रे क्या?"

"पगलाया नी, ठीक बोल रिया हूं। अब रोक मेरा बोल। आज वो सिगरेट बेचने वाले लोग देखे तूने? दो आदमी कित्ते लंबे-लंबे बांसों पे चढ़े चलते थे—उन्हें देख जगत मुलका रिया था। मेरा मन हंसी से भर गया पर हंसूं कैसे? मेरी हंसी मर गई, बोली गोले के नीचे दब गई। ध्यान है, कल एक मेम ने छतरी

खोली तो उसके तार में उसके बालों का टोपा उलझ ऊपर गया—'गंजी मेम' कहकर लोग कुरलाए, तुम दोनों बात मार-मार के खिल्लाए और मैं अपनी बोल की लास उठाए मन मारे मुंह मूंदे खड़ा रिया।''

''अरे, बोल के कौन तेरा पेट भर जाता, बिन बोले जो माल मिले तो भी बड़-बड़ रिया है।''

''चिड़िया को सोना चुगा दो, बिना चहके रे सकती है? अब मैं भी बोलूंगा, और खूब बोलूंगा, मुझे रोक, तेरे बाप का हो तो?'' और वह दनादन गालियां उगलने लगा। कान में अंगुलियां डाल मालकिन जाने लगी तो वह उसके आगे फिर गया—''अरे भगतन! जावे कहां...तू अंधी है जो मैं तेरे कूं बजरंगबली दिखूं? मैं तो नरसिंघा...जे रामबीज हैं के खजूर की गुठली? धरम पाल रही। तुम जैसे ढोंगियों ने ही मेरे मूं में गोला ठुंसवाया, मेरी आवाज को मारा है। मैं तेरी भी लंका में आग लगा दूंगा।''

इतना कहकर वह फांदता, धमकता सामने ओसारे में जा कूदा और राममूरत के आगे सजे पूजा के फूल-पान को इधर-उधर बिखेरता बम-बम करता, भोजन-पानी को रौंदता भाग खड़ा हुआ।

मुरादों भरा दिन

सात की सूरत में सिमटी खटिया पर बेदम पड़ी नूरी की बगल में बिलबिलाते रमजू को छोड़ सत्तार पलटने को हुआ कि ठिठक गया—''हैं...हैं...करे क्या है लहंगा सरका के? ठहर...चोली हटा, चोली!'' और उसने खुद ही अपने हाथ से चोली उघाड़ उसकी छाती बच्चे के मुंह में ठूंस दी।

सिस्सऽ...सिस्सऽ—एक जलनभरी दुखन उसकी रगों में ऐंठन भर गई। उसने पीछे तनकर दूध पीते रमजू को परे छिटका दिया।

''घर...बाहर, सब ठौर, सब मेरी जान के लागू हैं! रग-रग सूतकर पी जाएंगे मुझे! अरे, सुनो हो, इस बैरी के मुंह किसी छारी-कुतिया का थन गेगरो! आज तो उस मां के यार ने खा ही डाला मुझे! एक रुपल्ली के खातिर उस भालू को छातियों से क्या खेलने दिया के झाड़ूफिरा चबा ही बैठा। अरे, मैं कहूं कोठे वाली ही सही, जिस पर चढ़े हो, आखिर तो उसमें भी जान है के उसे मरी खाल समझे हैं ये मरदुए सब के सब।''

नूरी ने बड़बड़ाते हुए करवट बदली और लद से दीवार पर थूक दिया।

''री, आज तो ईद है...मुरादों भरा दिन...रहमतों वाला। मोहर्रमी सूरत बना ये कैसा सोग धर लिया तेने? हम तो आस लगाए बैठे थे, हमें भी खुस करेगी आज तो...।''

''आओ, तुम भी खुस हो लो—क्यों चुको—लुगाई का जिसम तो एक किला है। लोग चले हैं सब...सुरंग खोदते उसे फतह करने...चुटकी-चुटकी खोद के अपना झंडा गाड़ने।''

''सबर कर, सबर...अब न कहेंगे कभी।''

''मैं कहूं, मजूर-गुलाम को भी हफ्ते में एक दिन मिले है छुट्टी का—मैं हूं नसीबोंमारी। महीनों में छुट्टी नहीं...उन दिनों भी नहीं, जब लुगाई आदमी के काम की नहीं। गाहक नहीं, तो घर का मरद आ धमके...। कहूं, लुगाई को

तिक्का-बोटी कर ये मरद अपनी लंगोट में क्यों नहीं बांध लेते उसे।''

''आज ईद है...खुशियों का दिन...खूब सौगात मिल रही है अपनी ब्याहता से। हमारे निकाह में है शरियत से...पर कोई माने, तब तो।'' जोर-जबर से दूर, दबी जबान से, उखड़े-हारे बोल थे सत्तार के।

''चल बेटे, उठ।'' कहता हुआ हाथ-पैर मारते-रिरियाते रमजू को खटिया से उठाने को सत्तार झुका, तो नूरी की नजर उसकी पलकों में उमड़ते-बिखरते पानी के शहतीरों से जा उलझी। इसके पहले कि वह रमजू को उठाकर सीधा खड़ा होता, उसने गलबहियां डाल उसे अपनी छाती पर टिका लिया।

''मैं क्या करूं, सकत ही नहीं...। आज तो ऐसी नुच-निचुड़ गई हूं के बस...सुती-सुताई काया की रीती कुलिया है...। धरा क्या है, जो तुम्हें दूं? मानूं, शरे-रूह से बीवी हूं तुम्हारी... मरकर जवाब देना है...थोड़ा सुस्ता लूं, फिर...तब तक रमजू को बाहर बहला-फुसला के दूध पिला लाओ...खुश?'' उसने गिलगिला आए सत्तार के माथे को होंठों से छू, हौले से गुदगुदा, परे कर दिया।

उसे आज अपनी खोली बदली-बदली सी लगी। नथुनों में अंगना लिपी मिट्टी की सोंधी बास अट गई। दीवारों पर चूने की कलाई उभरी तो थी, पर धुआंई परतों पर ठिठक धब्बों में छितराकर रह गई। बिखरी गिरस्ती की बेतरतीब चीज-बस्त में आज करीने की जमावट आ गई थी। पुराने कैलेंडरों की जगह बीड़ी के धुएं के छल्लों में से उभरती अधनंगी औरतों की तस्वीरें आ लगी थीं।

आज ईद जो है। उन्होंने खोली को 'अपना घर' मान सजाया-निखारा है। 'हूं...।' उसने भीतर सांस भर नाक सिकोड़ते हुए मन ही मन कहा—'कोरमे बिरयानी की महक...आज खुस जो करूंगी मैं अपने लगते को...। घर की जुरवा पाने के लिए ये जतन। बेचारा शोहर।' उसके होंठों में सिमटी हुई जुंबिश में मुसकान जैसा बनकर कुछ रह गया। हवा में लरजती नंगी औरतों की तस्वीर में उसे अपने नक्श उभरते हुए से लगे।

''घूम-फिर के औरत पर ही जा टिका ना...। आखिर तो है न मरद जात।'' मन ही मन गूंगे गुबारों की गांठें बांधकर उसने पलक मूंद सामने फैले पसार को एकबारगी बिलगा दिया। अब सोच के परदे पर वह सब उभर आया, जो आज रात के पहले पहरों में उसके साथ गुजरा था।

वो लौंडा भी तो मरद था...गोरा-चिट्टा, गुदगुदा-सा। पूरी मसें भी नहीं भीगी थीं। पहली देख में तो मेमने-सा मासूम लगता था। कोठे की जुगत को आंखों-आंखों में तोलता ठिठककर परे खड़ा हो गया, तो बिछते हुए मैंने उसे

बुलावा दिया था—"आओ ना!"

"ठहर जरा।" कहता हुआ तेजी से पीठ फेर, पतलून के बटन खोल वह झट से जमीन पर बैठ गया था। घुटनों पर झुका कैसे सटासट हाथ मार रहा था...जब रीत गया, तो खाट पर आकर बोला—"पाई-पाई वसूलूंगा।"

मैंने कांधे से पकड़कर उसे अपनी तरफ धकियाते हुए जब कहा के गड़ा है यहां कारूं का खजाना, खोदकर निकाल ले पाई-पाई, तो मिसियाता छुईमुई बना दूसरे पल पतलून झाड़ता उठ खड़ा हुआ था। चलने लगा, तो मैंने पूछा—"किस मदरसे-कालेज में किससे सीखा ये 'अपना हाथ जगन्नाथ' वाला मंतर?"

"तेरे बाप के मदरसे तेरी अम्मा से।" कहता हुआ लपककर बाहर हो गया।

याद के पाल कहां जा बंधे थे! पहला ललवा रहता, तो कम-जासती इसी के बरोबर होता...ऐसा सोचते हुए उसकी पीठ पर फिकरा फेंका कि 'आ, दूध पी जा', तो उसने पलटकर पत्थर मारा—'अपने खसमों को दूध ही पिलाती है?' मैं झनझनाकर रह गई...वही झनझनाहट तो नहीं थी, जो रमजू को दूध पिलाती बेला आज मुझसे बजाय चोली के लहंगा उठवा गई?

एक वो जो मरा-मरा मजूर आया था, कैसी चिरौरी कर रहा था, जैसे अल्लाह मियां के आगे अपने गुनाह माफ करवा रहा हो—"ओ बाई, एक टेम पहले भी तेने मिनटों में खलास कर दिया था हमें...वास्ता तुझे ऊपर वाले का, थोड़ा टिकने-रहने दीजौ...एक दिन की पूरी पगार लगी है।" और फिर जो शुरू हुआ, तो ऐसा लगा, जैसे कोई ओछे कद का छोकरा ऊंची डाल के बेर लपकने पंजों पर उछल रहा हो।

हटने लगा, तो मैंने कहा—"छक ले, कर ले अपनी पगार सीधी। ईद पर मेरी तरफ से ये खातिर तेरी।"

"तेरी महर है बाई...आज तो बस...फिर और आएंगे कभी!" कहता हुआ कंपकंपी के साथ अलग हो गया।

और एक संटी-सा मरद आया था न...चशमा चढ़ाए, पढ़ा-लिखा लगा था शकल-सूरत से। पलेथन झाड़कर ही उठ खड़ा हुआ, तो मैंने कहा—"दलाल से शिकवा न कीजौ फिर...आओ, और लग लो।" तो बोला—"अरे हट, हम यह नरक भोगने थोड़े ही आए हैं। हम तो जायजा लेने आए थे। कल सब छापेंगे अखबारों में फोटो के साथ।" मैंने टोका—"अरे, फोटू तो ले लिया होता...नहीं तो मेरी हरकत के हवाले के साथ अपनी मैया-बहना के फोटू छापेगा अखबारों

में।''

''घुर...तुर्की छिनाल।'' वह नफरत उंडेलता हुआ बाहर हो गया।

फिर वो मुटल्ला आया था रींछ का रींछ...। मुंह पर झाड़ू फेरता चूरमा कर गया मुआ...।

फिर वो धींग का धींग तेल पिए मुगदर-सा...सड़क-कूट अंजन सा पेल गया काया कू... नासपिटा।

''उठ री। चल, ये एसपिरो की टिकिया गुटक ले गरम-गरम दूध के साथ।'' नूरी ने पलकें उघाड़ीं, तो पाया—सत्तार खड़ा है सिरहाने। जच्चा के चेहरे से धुले-धुले पीले उजाले में वह उसे एक और नए गाहक-सा लगा।

''पी लिया दूध रमजू ने?''

''हां, खूब सेर हो के सो भी गया...ले, अब तू पी ले, थकान मर जाएगी।''

''सुनो...।'' नूरी ने हथेली पर टिकिया लेते हुए कहा—''ये सब लोग मुझे समझे क्या हैं...? गई जुमेरात अब्बा की बरसी की फातिहा पर तुम दो फकीर खाने पर लाए थे न?''

''हां...सो?''

''उनमें से जो कम उमर था, वो तो खा-पीकर दुआएं देता बाहर हो गया... और वो जो पकी उमर का दढ़ियल था, बोला—'जरा मगरिब की तसबीह घुमा लें, फिर खाएंगे।' जब तुम किसी काम से बाहर हो लिए, तो पता है, क्या बोला...?''

''कहेगी भी, या तुक्के ही फेंकती रहेगी?'' सत्तार झुंझला गया।

दाढ़ीजार बोला—''नसीबों वाली! खुदा खैर करे...खाना तो हम दूसरे सखी के यहां सरेशाम ही खा चुके...परेशान हैं...महीना ऊपर निकल गया...जरा हमें भी लग लेने दो...बस, तुरत-फुरत पंख झाड़ उठ जाएंगे...बड़ा सबाब होगा...जवानी सलामत रहे...कमाई में बरकत हो...।''

''आगे?''

''मैं सन्नाटे में आ गई। बोली—'बाबा, मेरे मरे बाप के सदके में तुम्हें खाना था...अब ऐसा करने से सबाब उन्हें पहुंचेगा, या मुझे?' दाढ़ी सहलाता हुआ वो बोला—'अरी, दोनों को ही।' मैंने कहा—'तुम मेरे बाप की उमर के हो...आओ और अपनी बेटी समझकर चढ़ लो—और हो जाओ तुम भी सबाब में दाखिल...।''

''रुक क्यों गईं...? आखिर को हुआ क्या?'' सांस रोककर सुनते हुए सत्तार ने पूछा।

"इतना होने पर भी वो मेरी तरफ बढ़ा था...के तुम आ गए।"

"मार भी गोली मां-चढ़ों को...। खुदा का खौफ है ही किसे? फिर ये धंधा ही ऐसा है स्साला...। गले जो लग गया...सोचता हूं—उस दिन वैसा सब मैं कर कैसे बैठा...? शैतान ही समा गया था रूह-जान में मेरी...। कैसे बख्शेगा अल्लाह?" ठंडी ऊंची सांस के साथ गहरे पछतावे की बोली बोला सत्तार— "ला, तेरे मालिश कर दूं—ऐंठन निकल जाएगी बदन की।" वह उसे सहलाने लगा—"आज ईद है—सुबह से ही न जाने क्यों तुझे सुहाग के उसी जोड़े में संवारकर सीने से लगाने की हौंस मेरे कलेजे में उफन रही है।" सत्तार हुमकता हुआ उठा और अपने हाथों में सुहाग के जोड़े को सहेजते हुए बोला—"आज इत्र में बसाया है मैंने इसे...बस जरा पहन ले...और एक पल-छिन को जिला दे मेरे भीतर खाविंद के मरे हुए अहसास को!" सांस के एक तार में वह कई-कई मोती पिरो गया।

नूरी की आंखों में सुहाग के अनगिनत मोतियों की दमक लकदक कर गई और उसकी पलकें झपक गईं। खुली-खुली पलक, सीधी आंख, बरसों पहले दिन के उजाले में उसने जो देखा था, आज बंद आंखों के चंदोवे पर वही सब उकर आया।

कैने दिन थे। मेहंदी-रचे, उबटन-बसे, चंदन-नहाए, सुहाग-सुहाए, कजरारे, मन भाते...। और रातें। गजरों-गुंथी, खुशबुओं-रमी, चंदा-डूबी-सलोनी, लंबी पर छोटी...सिर्फ मेरे और मेरे दूल्हे मियां की...इनकी बीड़ी बांधती बिजली-भरी उंगलियों में उलझे कच्चे धागे से मन कैसा गुंथा रहता था। अपनी कुठरिया के आगे फैले बित्ते भर आंगन में सारा आसमान झुका लगता था। उसमें बर्फीले मखमल के रंग-बिरंगे फाहों से चूजों से घिरी फूली-फूली कुड़कुड़ाती मुर्गी की जगह मैं अपने को मान आप आपसे ही शरमाकर सिमट-सिमट जाती थी।

पर गोद गदराने से पहले ही, एक दिन जो देखा, वो कयामत से क्या कम था? अल्लाह की मार...कहर दो जहान का...जिसके सुहाग की चूड़ियां खनकाती मैं जगत में डोला करती थी, वो ही मेरा शोहर, मेरा मुकद्दर, नंगा घुटनों के बल, औंधा मुर्गी बना, झुका पड़ा था और उस पर चढ़ा था वो कलमुंहा मुसटंड मंगू। पानी-पानी हो, तोबा-तोबा करती जब मैं घूमी, तो इन्हें भनक पड़ गई। चट कपड़े संभाल-समेट टूट ही तो पड़े मुझ पर। बोले—"हर्राफा। खसमों के यहां से कुट-पिसकर आ भी गई इतनी जल्दी...। पैसा यूं ही मिलता दीखे है यारों से।" दूसरी घड़ी एकाएक कुछ सोच ये मंगू की तरफ बढ़े और उसका हाथ

झटककर बोले—''उस्ताद, इस स्साली का सत भी तोड़ो...उतारो इसका भी पानी...ले डालो इसकी भी आबरू...वरना अब ये इतराएगी...सर चढ़ेगी...भागेगी...यार करती डोलेगी...सब जो जान गई है। इसे भी बांधो...गिराओ...बिछाओ।'' और खुद खाविंद ने अपनी बीवी को...निकाहता को...मार-तोड़ के बिछा ही तो डाला पराए मरद के आगे...। और तब की बिछी मैं कब उठी... उठ पाई। जगत-बिछौना बनके रह गई। आगे धंधा जो बना डाला उन्होंने इसे...।

''नूरे! सो गई?'' सत्तार की मिसरी-मिली, निछावर होती आवाज से बीते 'कल' का तार टूटा और नूरी फिर आ जुड़ी 'आज-अब' से।

''रुको भी भई...मुझसे नहीं उठा जाएगा...कब तक गरमाओगे मेरी लाश को। इसमें जान नहीं पड़ने की।'' नूरी खुमारी में बुदबुदाई।

''अरी! हम तो मालिश कर रहे हैं तेरे तब से...आगे ऊपर हाथ लग गया...दु:ख गई होगी ना?''

''बस करो, सब ठीक हो गया...थोड़ी ताजगी आई है बदन में।''

''तो फिर नूरे, उठ...कसम तुझे हमारे सर की...। जरा, पहन ले अपना सुहागी जोड़ा।'' सत्तार ने पास धरे जोड़े को उसे थमा ही तो दिया।

''रे...रे...क्या करो हो गजब...और क्यूं घसीटो हो मुझे गुनाहों में...। नहाई न धोई...पांच पराए मरदों के संग सोए गलीज, कफन पड़ने लायक बदन पर कहां डालो हो मेरे सुहाग के जोड़े को। सुहाग को नहीं, तो सुहाग के जोड़े को तो बेदाग रहने दो।'' नूरी अब रुआंसी हो उठी।

''इतना माने है हमें, तो फिर उठ ही जा अब...बदन पर जरा पानी डाल हो ले पाक...उतार फेंक सब छलावा...तेरे भीगे बदन की वैसी ही बास फिर भर लूं अपनी रूह-जान में आज...।''

''कहा न मैंने, थककर चूर हूं...जिसम में सुलन बस गई है...उठा ही नहीं जा रहा... वरना जगत से चोला चटवाऊं और अपने आदमी को ही तरसाऊंगी...तुम्हीं कहो अल्लाह लगती?'' सत्तार को बेदम और बुझा जानकर वह फिर बोली—''ईमान से, ढोंग नहीं रच रही...और फिर मन्ना पहलवान न आ मरे कहीं...। पूरा पांच का पत्ता टिका 'रखनी' कर बोला था—'रात नौ बजे तक रिजर्व हमारे लिए...धोखा न हो, वरना कोई बुरा नहीं मुझसे।''

''तो फिर आया नहीं पहलवान?'' सत्तार बिदककर बोला।

''कहां आया...साढ़े नौ तक उसकी 'रखनी' में बैठी रही गाहक लौटाती...फिर लगी औरों से...पर नोट परखे हैं उसने, तो छोड़ने का नहीं...यहीं न आ धमके

कहीं...ये ही सांसत लगी है जान को...आज बखश दो...छिल गई हूं।'' सूखे हलक कुछ थूक गटककर वह बोली।

''तकदीर अपनी-अपनी...।''

सत्तार अपने सिर पर हत्थड़ मारकर उठ ही रहा था कि नूरी ने उसका हाथ थाम लिया और उसे अपने पर ढालते हुए कहा—''बुरा मान गए न। ठहरो, सुहागन का सांग धरूं...लाओ, जोड़ा बदन पर डाल लूं...ईद के दिन अपने शोहर को यूं हिरासा करूंगी, तो कयामत के दिन खुदा को क्या मुंह दिखाऊंगी...फिर थोड़ा पसर लूंगी, तो कौन मर ही जाऊंगी।''

नूरी की लरजती बांहों में सत्तार भीग-भीग गया। झरती पलक, अपने हाथ से उसे सुहाग का जोड़ा पहनाते हुए बोला—''हमने सात बार दरूद शरीफ फूंक दी है, तेरा बदन नापाक नहीं रहा। अब सब ठीक वैसा ही है, जैसा तब, जब तू हमारे निकाह में आई थी।'' नूरी बुत बनी खामोश रही।

अपने तईं पूरी तरह सजा-संवार, सत्तार ने पीछे हो उसके सामने आईना ला दिया। दम साधे खड़ी दीवारों पर रेंगती रोशनी के थके रेलों के बीच ठहरे आईने में नूरी ने देखा, दो सूरतों की परछाइयां तैर रही हैं। उसे एकाएक लगा, उसके तन का भूखा एक और गाहक उससे सौदा पटा रहा है। नजर गड़ाकर देखा, तो उसने आंखें नीची कर लीं...इसके भीतर अपने किए का कुछ गड़ता तो है...अपने करतूत की चुभन इसे मार रही है। इस खयाल की कौंध से उसका दिल भर आया। पुतलियां डबडबाने लगीं तो आईना परे कर ढलती हुई बोली—''आओ... सुहागन जैसा कुछ बचा हो मुझमें, तो चुन लो जो है। मैं तो दे रही हूं...ले डालो मेरे वारिस...।''

खट्ऽ...खट्ऽ...खट्ऽ...। सत्तार उसकी बांहों में डूबने को ही था कि दरवाजे पर दस्तक हुई।

''थमो...पहलवान आ मरा...। खोलो कुंडी, नहीं तो...।'' नूरी सहमकर सिमट गई।

''मैं नहीं हटने का...। नहीं खुलेगी कुंडी। यूं ही बनी रह...।'' वह हुकम-सा जारी करता हुआ बोला।

''नहीं...नहीं, ठहरो भी। वह फरसे-सा चाकू खोंसे रखे है तहमद में।'' नूरी उसकी गिरफ्त से छिटक अपना आपा समेटती चिरौरी करने लगी—''मान भी जाओ...मोहल्ला जगा देगा...तूफान खड़ा हो जाएगा...कोठा नहीं, अपना घर है यह।''

"अपना घर है, तभी तो दरवाजा नहीं खुलेगा...हरगिज नहीं...। मैं कहूं, हो ले हमारे संग...। खड़ा रहने दे मरदूद को बाहर टापता।" वह तीखा बर्र हो गया।

"मानो...ऐसा ही चाहो हो, तो कहीं बाहर जा हलके हो आओ...मैंने रमजू की मनौती के वास्ते, धंधे में धंधा कर कुछ रुपये जमा किए हैं कुलिया में। ले लो उनमें से...पर उस बैल से...।"

"बंद कर बकवास। आज मेरी आंखों में खून है।" उसने उसे झिड़क दिया।

"आते हैं...रुको।" नूरी ने उसकी एक न सुनी और आती हुई तेज दस्तक को झेलते हुए दरवाजे की तरफ घूम गई। उसने कुंडी खोलने के लिए हाथ बढ़ाया ही था कि तभी सत्तार घायल शेर की तरह झपटा और उसे परे धकेल किवाड़ से पीठ सटा तनकर खड़ा हो गया।

"सुहाग के इस जोड़े में सजी पहली दफा जब विदा होकर आई थी, तब भी तू सिर्फ मेरी थी और इसमें बसी आज भी सिर्फ मेरी है।" मरदानगी की अजीब ढब में उफनता हुआ वह कह गया। नूरी ने उसमें अपने मरद का वह बांकपन देखा, जो बरसों पहले भटककर कहीं खो गया था। राख से उठते शोले उसने देखे और सत्तार उसकी निगाह में बड़ा...बहुत बड़ा बन गया।

"अपनी जान पर मत खेलो, मेरे नसीब। तुम्हारे नाम की चूड़ी की ओट मेरे गुनाहों के गुंबज छिपे हैं...मेरी गोद पड़े पराए बीजों को अपनाकर अंकुराया है तुमने...। तुम हो, तो जहान है मेरा...वास्ता तुम्हें मदीने वाले का, मत ललकारो उस कसाई को। वह मार ही बैठेगा तुम्हें...मेरे खाविंद...मेरे खुदा।" उसके पैरों से लिपट नूरी एक ही सांस में सब कह गई और आंसू ढालती, मिन्नत करती, कुंडी खुलवाने के लिए उससे जूझने लगी।

दंड-जीवी

सूरज आग बरसावे, आकाश पवन झकोरे लगावे, धरती धधके, सरोवर-ताल जल जावें और हरियाली-लिलोती भुन भस्म हो जावें। ढाणी पाल बने अगन-जाल, लू-ताप-झक्कड़ भरे हुंकार, मानुस-जात करे हाहाकर। गौएं रंभावें, गौ-जाए हिरसावें। बालक-टाबर पानी को तरसें; जननी-जामण की आंखड़ियां सूखी बरसें। रीते-अंधे कुएं सांय-सांय करें, पोखर सारे माटी भरे, अंधड़ मुंह में धूल भरें।

मानुस-जात जब हारे-हिरसे तब तो हरि का ध्यान धरे। बामन-पंडत इंदर देव की महिमा सुनावें। लुगाइयां उनके गुन गावें। वो बज्र बना बैकुंठ बैठा एक ना सुने। भू-तल भाड़ बना, आग अटा सब को दाझे। रंच ढरके ना पल लाजे।

दूधिया कंठों में जब छाले पड़े तो गांव-ढाणी-बासे से लोग निकल पड़े। कांख में कुल की आंख और आंख में सूखी सिकता-किरकिर पानी। सीस पर लत्तों की पोटली। कंधे पर बिलखती छोटली। गाड़ी में डोकरा-डोकरी तो इसके जुए में छोकरा-छोकरी। हरियाली-पानी परे और परे। चलने वाले थक के चूर। पर बस्ती-बासा दूर से भी दूर।

हल्लू-बल्लू अकेले, निपट-नियारे। ना उनके कोई आगे-पीछे, ना कोई उनके सगे-प्यारे-जोरू ना जांता बस अल्लाह मियां से नाता। वो चले दूर लगन लगाए। मरू-मार छोड़ मंगल देस आए। नगरों में नगर ऊदलपुर यूं राजे जैसे तारों बीच चांद बिराजे।

दूजे देसों-नगरों में धूल-झख्खड़ धमकें पर राजाजी के मंगल देश में खिले-खुबे बौराए बाग-बाड़ियां ताल-सरोवर छलछल करते चमकें, जबर-जंग परकोटे से सहर घिरा-बना। उसपे ठंडे आकास का चंदोवा तना। ऊंचे-पूरे महल-बड़ी-बड़ी तनी हवेलियां, पत्थरों में कढ़े बूटे-कसीदे की ओढ़े साड़ियां।

मंडी-हाट में जिंस-नाज अटे। सेठ कामगार अपने काम-राम में डटे।

आज राजधानी ऊदलपुर में चहल-पहल, राह-रोजक खासमखास थी। राजाजी शेर के शिकार पर जो निकले तो दिनों बाद आज लौटे। आज ही नई रानीजी की कोख फली थी–पहली बार–राज-वंश का उजाला जनमा था। बस समझें इस उजियारे की अगवानी के हेत ही आज राजाजी की राजशाही सवारी निकलने की तैयारियां थीं।

राजाजी आज पूरे शाही लवाजमे और तामजाम के साथ महलों के त्रिपोलिया से निकलकर पहले चौपड़-चोहद्दे–देवल-चौक...में शोभा बखेरेंगे और फिर सोने-चांदी से मढ़ी दरबारी नौका में लगे सिंहासन पर विराजमान होकर अपने सभासदों के साथ सरोवर करेंगे। आतिशबाजी होगी–अगन-अनार आकाश में छूटेंगे और नौका में ही राजसी पातुरियां नाच-गान करेंगी।

नगर में शाही सवारी की सजावट और धूम थी। चौड़ी-निखरी सड़कों पर लाल बजरी बिछी थी और उस पर पानी का छिड़काव होना था। तभी एक बड़ी टंकी अपने ऊपर साधे एक ट्रक आता दिखाई दिया। टंकी के पीछे लगे एक बंबे के छेदों से फूटती पानी की फुहारें सड़क को भिगोती हुई निछावर हो रही थीं, नगर-बासे में पहली बार आए ढाणी के बासी हल्लू-बल्लू ने यह सब देखा तो उनकी प्यासी आंखों में पानी आ गया–वे चकरा गए। अपनी सूखी-सट ढाणी में बूंद-बूंद पानी से प्यास बुझाने की जुगत जोड़ते-जोड़ते किसी तरह वे राजाजी की इस नगरी में पहुंचे थे और फिर खूब-खूब जी भरके पानी पिया था और इससे नया जीवन पाया था। वे इसी पानी की फुहारों को यों धूल में बिखरकर दम तोड़ता हुआ नहीं देख सकते थे। पानी का मोल उन्होंने रेत चाटकर जाना था। उनका बस चलता तो इस बिखरते पानी को अपनी पलकों की अंजुरी में सहेज-भरकर अपनी प्यासी 'ढाणी' के बासियों के रीते कलसों में जा उंड़ेलते पर...पानी यूं बहे, अकारथ धूल-माटी में जा मिले–हल्लू से देखा ना गया। उसने अचकचाए बल्लू का हाथ झटककर जो दौड़ लगाई तो पानी की मोटर के आगे ही जाकर रुका। उत्तर-दक्खिन हाथ चौड़ा उसने जो गलाफाड़ 'रोक' दी तो होले-होले सरकती मोटर रुक गई। मोटर पर सवार तने चेहरों पर उभरी खाऊ आंखों के लाल डोरों ने बिना बोले ही ललकारा–"गंवार-गांवड़ेल। मौत आई है तेरी क्यों?"

"बावजी। मोटर रो पाछलो बंबो फूटीज गयो। पाणी हर्र-हर्र बेवै। थोड़ीक टेम में पूरी कोठी रीत जावेला।" नासमझी में हाथ डुला अपने सहमे बोल पर

चिरौरी चढ़ा आखिर हल्लू ने कह ही तो दिया। ड्राइवर ने सुना, खलासी को आंख में भरा और ब्रेक पर से दाब ढीली कर जो एक्सिलेटर दबाया तो हल्लू की आंखों में धुआं-धुआं हो गया–वह अपने ऊपर चढ़ी आती मोटर की गेल से छिटककर परे हो गया। धुआंई आंखों दम तोड़ती जल-फुहारों को बेबसी से देखता हल्लू ठगा रह गया। मोटर जलधार बखेरती आगे से आगे बढ़ गई।

एक-दूसरे का हाथ थामे हल्लू-बल्लू बावलों की ढब ऊपर-नीचे देखते हुए नगर की सड़कों पर डोल रहे थे। अब वे बड़े बाजार, घंटाघर और आगे जगदीशजी चौक पार कर बड़ी पोल, त्रिपोलिया की तरफ बढ़ रहे थे कि लाल पगड़ी वाले प्यादों ने उन्हें आड़े डंडों से ठेलकर सड़क की बाजू में गड़े खंभों से बंधी रस्सी के परे धकेल दिया। अब आने-जाने वाले लोगों का रेला थम गया था। औरतें और बच्चे छतों-सीढ़ियों पर चिहुंक रहे थे–राजाजी की सवारी अब आई ही समझो। तभी तोप का धमाका हुआ–धन् न् ऽऽ। पास खड़े पुराने-समझू लोगों ने कहा–''तोप गरजी, राजाजी बिराज गए हाथी पर, अब रवाना होगी सवारी।'' तभी झांय-झांय-झनन्-झन् करते ताशे झनझना उठे। फिर नगाड़े गड़गड़ाए, बाजे बजे और बिगुल जागे। भीड़ में धंसे हल्लू-बल्लू सांस साधे खड़े थे। उन्होंने आज शहर में दो-एक घंटे घूम-घामकर मंडी में चावल के बोरे इधर से उधर जमाने की मजूरी पा ली थी। उनके कंधे तो इससे छिल गए, पर इतने पैसे मिल गए थे कि कल तक के लिए उन्हें तसल्ली हो गई। उनकी आंखों में चमक थी और इसी चमक से वे सवारी देखने को उतावले हो रहे थे। रह-रहकर वे पंजों के बल उठंग होकर सर उठा आगे देखने की जुगत जोड़ते इधर-उधर हो रहे थे। दो-एक बार तो आजू-बाजू लोगों ने सहा, पर आखिर पास खड़े एक चौड़े कंधे वाले जवान ने एक के धौल धरी और उन्हें माजने से खड़े रहने की सीख दे झिड़क दिया।

अब बाजे सर पर बजने लगे थे तभी साफ-सजीली-नुकीली वर्दी धारे चुस्त-चौबंद सिपाहियों का दस्ता चमचमाते नेजे वाली बंदूकें कंधे पर साधे सामने से कवायद करता गुजरा। उसके पीछे राजसी झंडे-निशान उठाए लवाजमा था। लाल रेशम के पाट पर सोने के धागों से कढ़ा सूरज किरनें बखेर रहा था। पीछे रेशम और जरी के जीन से कसे चांदी-सोने के जेवरों से लदे दो नन्हे दूधिया घोड़े थे–सवार कोई नहीं था। बस रखवाले बड़े आदर भाव से उनके बाजू में चल रहे थे। लुगाइयों ने उन्हें देखा–उनकी बलाएं लीं और हाथ जोड़ भक्ति-भाव से उन्हें शीश नवाया। ये ग्यारसी घोड़े थे जो हर एकादशी पर व्रत रखते थे और

राजकुल के इष्ट देव की सवारी के लिए मान्य थे–राजाजी तक उन्हें अपनी सेवा में रखने का सोच मन में नहीं ला सकते थे। चोबदार के पीछे झूमते हुए दो मदमस्त हाथी थे–सजे-बजे। उनके आसपास कमर कसे पगड़ी धारे छड़ी उठाए चल रहे थे। फिर था वह राजसी हाथी, जिसके चौड़े माथे पर सिंदूरी चित्राम बने थे और उसके उजले केले के तने से चमकदार दांतों पर मढ़े सोने के बंगड़ चमक रहे थे। परबत से डील-डौल पर गहरे लाल रंग की मखमली झूल लकदक कर रही थी जिस पर जरी का तरहदार काम किया हुआ था।

सोने ही का होदा कसा था जिस पर जगमगाते हीरे-मोती का हार धारे रेशम पारचे में बसे राजाजी बिराजमान थे। उनकी आबदार अंगूरी पगड़ी पर माणक-मोती का मोर निकला ठसक दे रहा था। शीश ऊपर झमझम करते मोतियों की झालर से छत्र तना हुआ था और होदे के पीछे खड़े सेवक चंवर डुला रहे थे।

हल्लू-बल्लू ने सांस रोककर राजाजी का ठाट-बाट देखा। उनकी आन-बान-शान को सुना-गुना और सकते में आ गए। हल्लू गुम था और बल्लू चुप। पर तभी हल्लू ने बल्लू को कोहनी मारी तो वह जैसे सोते से जाग पड़ा।

"देखा!"

"हां।"

"जे राजाजी हैं।"

"हां, राजाजी दरबार। भगवान रूप।"

"भगवान रूप!"

"हांऽ हां, भगवान बिरोबर!"

"भगवान रूप-भगवान बिरोबर, तो राजाजी खाते क्या होंगे?"

"एंऽ!" बल्लू के सामने से अभी-अभी राजाजी का हाथी गुजरा था और अब उनके दरबारियों-मुसद्दियों की सवारियां निकल रही थीं। उसके कानों, माथे में बाजे बज रहे थे। हल्लू ने फिर टहोका दिया।

"अरे! कहां खोया! सुन मैं पूछूं जे राजाजी भगवान बिरोबर तो जे खाते क्या होंगे?"

"खाने का क्या, जो सब खावें वो ये भी खाते होंगे।" बल्लू अब जुलूस के जादू से बाहर निकल आया था।

"क्या बोला? दाना-दुनका जो हम सब खावें वो ही हीरे-माणक-मोती में रमे रेशम-मखमल में बसे राजाजी खावें। तू तो बल्लू बौरा गिया...निपट बौरा गिया।"

"अरे अक्कल के फूड़! मैं कब कहूं के जो हम रूखा-सूखा खावें वो ही जे राजाजी भी खावें, जे तो तरम-तर माल-पकवान उड़ाते होंगे।"

"माल-पकवान तो गांव के बनिए-बामण भी खावें हैं। फिर जे तो ठहरे राजा-दरबार...भला जे...।"

"नी तो तू बता, भला जे और क्या खाते होंगे?"

"अरे बावले सोच तनि...मेरी समझ में तो जे हीरे-मोती या फिर मखमल के टुकड़े खाते होंगे।" हल्लू ने सुना और अपनी ओछी अकल पर मन ही मन झेंपकर रह गया। बोला, "लगे तो ऐसा ही है।"

जोगिया आकाश में बादलों ने पंख पसारे, बिजुरी ने गात दरसाया, तो बरखा ने पलक उघाड़े तभी धरती की सूखी रगों में ठंडी सरसराहट दौड़ी और उसके हिए की दरारें पुरने लगीं। उखड़े-बिखरे 'ढाणी-छाणी' के लोग-लुगाई अपने घर-बासों को दौड़े। हल्लू-बल्लू के कौन जमा-जत्था खेत-कुएं जो वे अपने बासे को लौटने में जल्दी करते। यहां शहर में चार पैसे की मजूरी तो थी, वहां ढाणी में तो उनके लिए सुबह नहीं तो शाम को भूख ही थी। वहीं टिक गए, फिर जो जमे हुए मजूरों ने उन्हें वहां से धकियाया तो शहर से पांच कोस दूर लगने वाले एक गांव के बनिए के यहां मजूरी पर जा लगे।

और दिनों जैसा ही एक दिन था। दिनभर आकाश में बादल घिरे रहे थे। धुआं-धुआं उजास, उमस डूबी हवाएं और फुनगियां डुलाते अनमने पेड़, आज सांझ घिरने से पहले ही अंधेरा हो गया। बल्लू एक पहाड़ी के कूबड़ पर खड़ा बिलगाते बादलों को देख रहा था कि दिप-दिप दूधिया घोड़ा उसके सामने आ खड़ा हुआ और उस पर सवार ऊंचा पूरा राजशाही उजला सवार...हाथी मखमल...मोती-हीरे वही...ठीक वही...उसके हाथ अपने-आप जुड़ गए...वह लुढ़कने की ढब में सीधा नीचे उतरा और धरती पर शीश धर 'खम्मा अन्नदाता' उच्चारा और दूसरे पल शीश नवाकर खड़ा हो गया-आगे और बोल ना फूटा।

"भाई गमेली! या गेल सहर ने पड़े के...?" एक मंद घन-गरज-सा बोल था। दरबार-हुजूर खासमखास राजाजी उसे आदर देकर पूछ रहे थे-'भाई! क्या यह रास्ता शहर को जाता है?'

"अन्नदाता-अन्नदाता...हां हजूर...उसने दंडवत होकर हामी भरी। वह खड़ा होकर आंख भर देखता कि उन्होंने एड़ लगाई और घोड़ा हवा हो गया। बल्लू जहां का तहां ठुका खड़ा रह गया। उसे लगा जैसे देव प्रगटे और बिलमा गए।

तभी पीछे से घोड़ों की टापें सुनाई दीं और एक के बाद एक पांच घुड़सवार बीच गेल में खड़े बल्लू को हवा की झांप से झखोला देकर निकल गए। उसने अपने-आपको संभाला-राजाजी ने मुझसे बात की। मुझे 'भाई' कहकर टेरा... राजाजी ने मुझसे बात की...मैंने उनसे बात की...वह मन ही मन बुदबुदाया और हुलास से भरकर चुप हो गया।

बल्लू चुप हुआ तो फिर कब बोला। हल्लू पास के गांव को गया हुआ था। गांव वालों ने लाख सर मारा। उसका नाम पुकारते-पुकारते उनकी जीभ थक गई-कंठ सूख गया। पर वह नहीं बोला सो नहीं ही बोला। आसपास के पंच-पटेल आए-हल्लू भी लौट आया। सभी ने उसे हिलाया-डुलाया-पहले फटकारा, फिर चिरौरी की। हल्लू ने धौल-धप्पल कर उसे झाड़ भी पिलाई, पर उसका बोल ना फूटा। अंधा कुआं और बहरी चट्टान भी बोलने पर बोल फेरते हैं, पर बल्लू चुपाकर ठूंठ बन गया तो ओझे-स्याने बुलवाए गए, झाड़-फूंक हुई। हल्लू ने टोटके-मनौतियां कीं और देव-देवालय धोके, पर बल्लू चुप था सो चुप ही रहा। अब उसकी चुप्पी हवा के परों पर चढ़कर दूर-दूर गांवों में जा बोली। अपने ही नहीं, पराए गांवों के धर्म-ध्यानी, लोग-लुगाई, हल्लू-बल्लू के टापरे-छप्पर में जुड़ने लगे। एक ने श्रद्धा भाव से नमन किया तो उसके आगे माथे टेकने और चरण छूने वालों की कमी ना रही-थोड़ी भेंट-पूजा भी आने लगी तो बल्लू हल्लू की आंख में भी ऊंचा उठने लगा। पर उसका मन ना मानता। कभी अकेले में तो कभी रात-बिरात उसे कौंचकर पूछता-"अरे! मुझे तो बता भला तुझे हुआ तो क्या हुआ...तेरे आसरे जनम-जगह छोड़ी है; तू भी मुझसे ना बोले तो जग में और भला दूजा कौन मेरा।" हल्लू आंख भर लाया पर उसका मौन ना टूटा तो ना ही टूटा। लोग उसे अब 'मौनी बाबा' कहने लगे। बात गांव के ठाकुर तक पहुंची-उन्होंने उसकी मौन साधना को जांचा और इसकी चर्चा राज-दरबार में चलाई। मौनी बाबा की बात जब राजाजी के कानों में पड़ी तो उन्होंने चार सवार दौड़ाकर उन्हें बुलौवा भेजा।

दरबार लगा था। ठाकुर-उमराव, मुसाहिब-मुसद्दी अपने-अपने आसनों पर बैठे थे और सबसे ऊपर सामने ऊंचे सिंहासन पर राजाजी बिराजमान थे। मौनी बाबा आए। राजाजी ने पहली देख में उनके चेहरे को जांचा और आंखों-आंखों में उन्हें तोला कि 'घणी खम्मा अन्नदाता' की गुहार के साथ-साथ बाबा शीश नवा दुहरे हो झुक गए। बाबा को जुहार में जुड़े सबने देखा, उन्होंने किसी को नहीं। सब सकते

में आ गए तो राजाजी ने एकांत संकेत में चुटकी चटकाई। पल दो-एक ढले राजाजी और बाबाजी आमने-सामने थे–दूजा वहां कोई नहीं। राजाजी ने भर आंख फिर घूरा तो वह थर-थर कांपने लगा। उनकी त्यौरी में बल पड़े तो वह घिघियाया–

"हजूर अन्नदाता, मैं कोई साधु-बाबा नहीं–मैं तो धोलीढाणी का बल्लू...।"

"हूंऽऽ..." राजाजी हुंकारे–"तो बोले क्यूं नी–मौन के अबोला क्यूं?"

"धरमराज! मौन-अबोला कुछ भी तो नी–पन जिन मुंह हजूर राज से बोले-बतियाए अब उस मुंह से ओमजी-भौमजी, अच्चू-पच्चू और ग्वाल-गंवार से कैसे तो बोले–पाप जो लगे? नहीं।"

"ओह! तो यूं हीज चुप है।"

"हां, हजूर, यूं हीज चुप, साधुपन-सधुक्कड़ी और कुछ भी नहीं।" राजाजी ने सुना–होंठों ही होंठों में मुस्काए। उनसे रहा नहीं गया। उठ खड़े हुए और पास आकर बोले–"पराए राज-बासे का मानुस हमें–राजाजी को इत्ता माने-जांचे!" और उन्होंने ठहाका लगाकर जो धौल में हत्थड़ मारा तो बल्लू उनके चरणों में जा लोटा।

तभी राजाजी ने उछाह में भर ताली ठोकी। बात की बात में फिर दरबार लग गया। घन गरज के साथ राजाजी ने हुक्म दागा–"आज से यह 'मौनी बाबा' हमारा 'मार-बख्शी' बना। भरे दरबार यह हमारे चरणों में सिंहासन से लगा, नीचे बैठेगा। जिस ठाकुर-उमराव, रियाया-प्रजा को दंड–मार बख्शेंगे तो उसे नहीं मार इस 'मार-बख्शी' को मारेंगे-धोकियाएंगे हम, पर इस 'मार-दंड' को अपराधी अपने पर पड़ी 'मार-दंड' मानेंगे। राज की मार 'मार-बख्शी' को पड़ेगी, पर उसकी पीड़ा-प्रताड़ अपराधी-खतावार को। राज-खजाने से 'मार-बख्शी' को छुटभैयों के बराबर मुआवजा मिलेगा।" यह एलान कर राजाजी ने अपने पैरों में पड़े बल्लू को एक ठोकर मारी और यूं दरबार बरखास्त हुआ।

आज अठवाड़े की पेशी का दिन था। राजाजी सूरज गोखड़े में बिराजे थे। सामने रखी शीशम की चौकी पर मिसलें-मोहरें रखी थीं और बाजू में दाईं तरफ दीवान हाथ बांधे धरती जोहते खड़े थे। अपने चरणों के पास उन्हें किसी की 'हिल-हिल' का भान हुआ–मार-बख्शी वहां दुबका बैठा था। राजाजी की आगे तनी एड़ी जब उसकी कांख में जा लगी तो उन्हें सूरज-गोखड़े में अपने होने का भान हुआ–उनींदी आंखों में रत-जगे के रंग बिखरे और सामने दीवान की छाया

ऊब-डूब करती झिलमिलाई–खास सरदार-उमरावों के चेहरे पुतलियों में उभरे–आज सांझ जल-महल में होने वाले जश्न का जादू उनके आपे में जागा और उन्होंने लंबी सांस अपने भीतर भकर–'हूंऽऽ...हांऽ' किया। तभी दीवान ने सचेत हो पहला मामला अरज किया।

"हुजूर, कल रात खेमली लुट गई...।" दीवान आगे कुछ और कहते कि हुजूर ने फरमाया–

"वा रांड घर छोड़ एकली राते बारे क्यूं निकली?" दीवान जी बात साफ करते कि राजाजी फूट पड़े और उन्होंने मार-बख्शी पर एक लात जड़ दी। वह दुहरा हो गया। दीवान का चेहरा लटक गया। सरदार सहम गए। दीवान ने साहस बटोरकर फिर अरज की–

"गरीब-परवर 'खेमली' लुगाई का नाम नहीं...रियासत का एक गांव है... खेमली गांव लुट गया रात को...।"

"तो कांई? गांव वाला रात सोवै के जागे? पटेल लंबरदार गांव का कांई करे। लूट सों हुया नुकसान बिरोबर जरिमानों गांववाला पे कर दो ने हिदायत करावो के आगे सूं गांव वाला रात जागे। काम करे ने दिन में सौवे-रावै। हां, आगलो मामलो?"

"होक्म!...अरज है–'जय-सागर' की रूंड से लगे खेत-फसल राज के शिकार के 'हाके' में उजड़ गए। गांव वालों की अरदास...।"

"समझे। गांव वालों ने शिकार-हाते से अपणा खेत पाछे सरकावा का आदेस कर दो।" राजाजी ने हुक्म दिया तभी उनका खास मर्जीदान खवास 'घणी-खम्मा' उच्चार ताजीम में दूर खड़ा हो गया। राजाजी की मदमाती आंखों में आने वाले सपने जागे।

"और कितनाक मामला है...बस एक की सुणवाई और...फिर बस...पर हां...वो जगदीश मंदर री ढाल में लागी घागरा-कांचली वाली दुकान में कुर्सी पर बैठो तो बोदो मिनख कईं करै। वा राज-सवारी निकले तो भी कदी-कदी कुरसी नी छोड़े। कुण वो?"

"हुजूर, वो तो दरजी...वो कुर्सी पर बैठ मशीन से कपड़े सींवे।" दीवान ने समझकर बताया।

"दो कौड़ी रो दरजी ने कुरसी पे बैठे..." राजाजी रिसाए और एक धप्पल जमाया 'मार-बख्शी' के धोल में और आंखें तरेर के गरजे–"उस दरजी-फरजी की दुकान बजार सूं उठा पिछली गली में घाल दो।...और बस, आखरी मामलो

अरज करो।'' सिंहासन के बाएं सिंह के जबड़े में हाथ डाल राजाजी उठंग हो गए।

''प्रिथीनाथ। मामला यूं है के राज के शिकार की बेला में जंगल में बड़े पेड़ पर दो मचान बांधे गए। ठाकुर मानबहादुरसिंह ऊपर वाले मचान पर थे और ठाकुर जलमभौमसिंह नीचे वाले मचान पर। ठाकुर जलमभौमसिंह का कहना है कि ठाकुर मानबहादुरसिंह का मन तब शिकार में नहीं था और वह मचान पर बैठे कविता लिख रहे थे, तभी उनके हाथ से कलम छूटा और उसकी नोक सीधी ठाकुर जलमभौमसिंह की कलाई में धंस गई।'' दीवान ने बयान किया।

''कलम की नोक कलाई में धंस गीथी। तो कौन गजब ढह गयो—दोनों ठाकुरान हाजिर आएं।'' हुक्म हुआ और दोनों ठाकुर सामने आकर झुक गए।

''कहो ठाकुर जो कहनो है।''

''हजूर! यही कि कलम की नोक मेरी कलाई में धंस गई सो तो कोई बात नहीं, पर वहां आंख होती तो?'' राजाजी ने सुना और आंखें तरेरकर ठाकुर मानबहादुरसिंह की ओर देखा। मानो इशारा किया कि—तुम्हें सफाई में क्या कहना है?

''पर हजूर! कलाई पर आंख कैसे हो सकती है?'' राजाजी ने ठाकुर मान को सुना और ठाकुर जलमभौम की तरफ देखा।

''अन्नदाता! सवाल, कलाई पर आंख के होने या नहीं होने का नहीं है; सवाल है, अगर कलाई पर आंख होती तो क्या होता?'' राजाजी ने भौंहों में बल डाल ठाकुर मान को घूरा।

''पर दयालु! कलाई पर आंख हो ही कैसे सकती है...हजूर।''

''थोड़ी देर को मानो आंख कलाई पर तब होती तो...तो क्या होता? ठाकुर मान! बोलो।'' राजाजी न्याय तौलते खुद बोले।

''तो...तो...तो...'' ठाकुर मान की घिग्घी बंध गई।

''तो-तो क्या? बोलो—कलाई पर आंख होती और थारो कलम हाथ सूं छूटतो तो कांई होतो? बोलो।''

''तो-तो आंख फूट जाती हजूर।'' ठाकुर मान को मानना पड़ा।

''तो जूं ठहरी! हमारे सिकार के टेम पर कविता करोगे और किसी की कलाई की आंख फोड़ोगे।'' राजाजी गरजे और मार-बख्शी की फंसली में एक जोर की लात जड़ दी। वह दुहरा हो गया और चीख उसके गले में रुंधकर रह गई। इधर ठाकुर का सर लटक गया तो ठाकुर जलमभौम की बांछें खिल गईं।

"हो गयो न्याव ठाकुर जलमभौम?" राजाजी ने पूछा।

"घणी खम्मा हजूर, मिल गया न्याय।"

"नी अभी आधा न्याव हुयो है। आधो होनो है और।...ठाकुर जलमभौम! आंख कलाई पर होती तो फूट जाती नी?"

"हां, हजूर। फूट जाती।"

"तो तनि अपनी आंख कलाई पे धरने तो बताओ भला।" ठाकुर जलमभौम ने राजाजी को कहते सुना तो हवाइयां उड़ने लगीं।

"गरीब-परवर आंख कलाई पर कैसे रखी जा सकती है?"

"वैसे ही जैसे आंख कलाई पर फूट सकती है?...ठाकुर! आपस के बैर-भाव राज के न्याव की दुहाई देकर निपटाना चाहो हो। हूंऽ।" कहकर राजाजी लाल हो गए। ठाकुर जलमभौम को झुरझुरी छूट गई। तभी राजाजी गरजे "मार-बख्शी! थारे कलेजे में जरब पहुंचाई इण ठाकुर ने...तू ले जा इसे ड्योढ़ी पर और इसके पग्गड़ में लगा दो जूत।" राजाजी नें हुक्म सादिर किया और उठ खड़े हुए।

राजाजी के जाते ही दरबार में तनाव तन गया। मार-बख्शी बल्लू का मुंह लटक गया। उधर ठाकुर जलमभौमसिंह का तो पानी ही उतर गया। तभी ठाकुर मानबहादुरसिंह ने चुप्पी को भेदते हुए डंक दिखाया, "मार-बख्शी जी! राजाजी का हुक्म कब बजाओगे? चलो...चलो, करो आदेश की पालना, पहुंचो-पहुंचाओ ठाकुर को ड्योढ़ी पर और रखो उनके पग्गड़ में जूत।"

"म्हें तो खुद मार खावैं बापजी, जलम से मार माथे में मंडी। बखसिस में भी मार मिलै...म्हें भला किसे कैसे मारूं...फेर ठाकुर तो माई-बाप..." बल्लू फेर में पड़ गया।

"सोच लो, हुक्म हुजूर का, आज तक किसी ने टाला नहीं...आगे तुम जानो...भुगतना।" ठाकुर मान ने धार दी।

"तो...तो पधारें माई-बाप ड्योढ़ी कने...।" बल्लू के बोल कांप-कांप गए।

"तू, बल्लू! मेरी पगड़ी पर जूता मारेगा? तो चल, हजूर की बख्शी राजाजी की धारण की हुई पगड़ी मेरे सिर पर बंधी है। चल, हो हिम्मत तो लगा जूत हुजूर की पगड़ी पर।" ठाकुर जलम ने बात को बल दिया तो बल्लू अचकचा के उलझ गया।

"नी-नी बाप जी जे पाप मैं नी ओढूं...मर भले जाऊं...।" बल्लू कांपकर

पीछे हट गया। ठाकुर जलमभौम सामने खड़े थे। पर उससे कुछ करते ना बना। उसकी नयन-कटोरियों में उनका आग-आग चेहरा और दागी हुक्म तैर गया। इधर खाई, उधर कुआं। पर इससे कुछ करते-धरते ना बना और वह माथा पकड़कर धम्म-से धरती पर बैठ गया।

दूसरे दिन दरबार जुड़ा तो सभी के चेहरों पर राजाजी की हुक्म-उदूली से उपजी मुर्दानगी पुती थी और राजाजी के पगों में बल्लू सांस खींचे मुर्दा बना पड़ा था—आज वह खुद को बल्लू ही पा रहा था, 'मार-बख्शी' नहीं।

"हुजूर के हुक्म की पालना कल मार-बख्शी ने नहीं की।" दीवान के बोल बारूद की सुलगती बूंद के रूप में बल्लू के कान में पड़े। उसकी सांस रुंध गई।

एक मारक टेढ़ी निगाह राजाजी ने बल्लू पर डाली। वह अचेत था। उन्होंने अपनी ललछैयां आंखें ठाकुर जलमभौम की तरफ तरेरीं तो वह अरजाऊ हो बोले, "हुजूर! हुक्म बजाने के लिए सेवक तो ड्योढ़ी पर हाजर आया..." बात पूरी होती इसके पहले ही राजाजी पैर पटककर खड़े हो गए और धमककर एक ठोकर बल्लू की छाती पर दागी और फिर ठाकुर जलमभौम को हुक्म दिया कि वह इस बल्लू-बलद को ठोकरें मार-मारकर ड्योढ़ी से वाहर निकाल दे। इसके साथ ही उन्होंने फरमान जारी किया कि 'मार-बख्शी' के ओहदे के लिए डोंडी पिटवाई जाए।

रियासत के कस्बों-गांवों डोंडी पीट-पीटकर ऐलान किया जा रहा था। न्याय के अवतार और राजाओं के राजा भगवान योगेंद्रसिंह जी साहब बहादुर के दरबार में 'मार-बख्शी' के ऊंचे ओहदे पर जो लगना चाहें वह अगली पूनो को दिन के दस बजे राजमहल के चौक में हाजिर हों।

रियाया प्रजा-जनों ने सुना-गुना और नगर की राह ली। ठीक दिन समय पर बेकार-बेरोजगार लोगों की भीड़ राजमहल के चौक में आ जुटी। एक-एक करके उम्मीदवारों को राजाजी के सामने अरजाऊ करने की बात बोलकर दीवान चले गए। थोड़ी देर बाद उम्मीदवारों के नाम पुकारे जाने लगे।

पहला उम्मीदवार जब राजमहल से बाहर कमर पकड़कर सीढ़ियों पर आया तो लोगों ने देखा उसके होंठों से खून रिस रहा है। उसका चेहरा पीला और आंखें पनीली हैं। थोड़ी देर में उसके पास भीड़ जमा हो गई। उसकी पीड़ा-पगी उतरी-उदास सूरत देखकर तीन-चौथाई के करीब उम्मीदवार तो छू हो गए। उम्मीदवारों की टोली में अब ऐसे ही लोग बचे थे जो बरसों से बेकार रहकर

हालात के हाथों रिब-रिबकर मर रहे थे। उनमें से बुलाया गया दूसरा उम्मीदवार भी जब उसी तरह टूट-टाटकर आंसू-नहाया चेहरा लेकर बाहर आया तो कुछ और उम्मीदवारों का हौसला टूटा और वे भी वहां से टल गए। अब दो ही मर्द रह गए थे-एक साठ साल का सुला हुआ थका-सा आदमी और दूसरा चालीस साल अधबूढ़ा-अधपका मानुस। पहला लंबा होने पर भी तना हुआ नहीं था और दूसरा सीधा होने पर भी सधा नहीं था-दोनों टूटे-उखड़े हुए। जमने की हौंस में डटे खड़े थे।

अगला नाम पुकारा गया। जवाब आया-गैरहाजिर। फिर अगले से अगला नाम पुकारा गया। जवाब मिला-हाजिर नहीं आया। और फिर अगले से और भी अगले नाम को पुकारा गया तो बस बूढ़ा आगे बढ़ा और तनकर चलने लगा। सीढ़ियों तक पहुंचते-पहुंचते ही उसकी सांस फूल गई। फिर भी पहुंचना था सो राजमहल के भीतर पहुंच ही गया। राजा जी इस बूढ़े को सामने देखकर झल्ला गए। बोले-

"बूढ़े-बोकड़े तूं झेलेगो हमारी झाल...मार-बख्शी बन खावैगा हमारी मार।"

"हजूर! आपके राज में सदा मार ही तो खाता रहा हूं। सहणे-पटवारी, सिपाही-महाजन सभी की मार तो जीवनभर खाता रहा और अब बेटे-भतीजों की मार खा रहा हूं; तो भला हजूर की मार से कौन मर जाऊंगा?" बूढ़ा दम भरकर बोला तो उसकी ठसक राजाजी को चुभ गई। चिंघाड़कर चेंटे-

"आपने उज्जड़-गंवार बेटा-भतीजों की मार से राज-मार की बिरोबरी! थारी जे हिम्मत! उमिर भर खाया फेर भी नी अघाया। 'मार-बख्शी' के ओहदे ने ललचायो। ओहदो तो नी पन मार तो मिले ही मिले।" इतना कह उन्होंने उचककर उसकी पीठ में जो लात जमाई तो वह मार झेलकर पहले झुका और फिर सधकर खड़ा हो गया। उसने वहां से जाने के लिए पैर बढ़ाया कि राजाजी ने उसे रोका-"ठहर भी, परसादी लेकर जाज्यो।" फिर चुटकी बजाई तो दीवान ने उमर के चालीसे के पार चलते दूसरे मानुस को सामने ला हाजिर किया। राजाजी ने अचरज की आंख से उसे घूरा तो वह 'घणी खम्मा' कहकर झुक गया।

"ओय, हत्या! तूं राज-मार मनुहारेगो।"

"क्यों नहीं हुजूर। जीवनभर अन्नदाता आपका अन्न खाया, अब मार खाऊं तो कौन अजब।"

"बात तो ठा-बंद।" भीतर से एक भभका उठा और राजाजी लहर में आ गए।

"लात पीछे, बात आगे...बता राज आगे दो सिकार, बंदूक में गोली

एक-हीज। तो बोल राज कांई तो करै? बोल-बोल है जुगत?'' राजाजी ने हुलसकर सवाल किया।

''जुगत है हजूर...अपनी कटार की धार राज अपने आगे कर बंदूक की नाल उससे सटाकर जो घोड़ा दबाएंगे तो आधी गोली एक शिकार के सीने में और आधी गोली दूसरे की छाती में और दोनों शिकार चित्।

''वाह! वाह! मगज थारो चालू-चलतो, तगड़ो-ताखड़ो दिमाग तो है पन हाथ-पग थारा कीरतन करै...झेलेगा झाल सेवेगा 'राज-मार?' '' राजाजी ने सीधे-सीधे पूछा-''मरेगा तो नी राज-मार सों?''

''हुजूर! भूख की मार से नहीं मरा तो दयावतार की मार से कैसे मर जाऊंगा? राज-मार का सेवन करके तो मैं मोटा-चंगा हो जाऊंगा।... बिन मां के बारह बरस के मेरे बेटे को भी राज-मार की छांह मिलेगी तो वह भी बढ़-पनप जाएगा...मेरी बिन ब्याही हुशियार बेटी भी ठिकाना पा जाएगी...भगवान राम की पग-छुअन पीकर पत्थर में प्राण जाग गए...करुणा-कगार आपके पद-प्रहार से मैं जी जाऊंगा...हुजूर, मुझे चरणों में ठोर दें दयालु।''

''जे ब्बात! उतरती पूनों तांई थम परख-निरख देखवा को हुक्म करां...आज से थूं राजाधिराज योगेंद्रसिंह जी के.सी.एस.आई.जी.सी.एस.आई. को 'मार-बख्शी' हुयो... अब लग काम सिरे ने राज-मार बख्श इण ठूंठ बने बूढल ने जो करै आपरे लंगूर लीतरा सूं राज-मार री बिरोबरी।'' राजाजी ने थोड़ी दूर खड़े पहले बूढ़े उम्मीदवार की तरफ इशारा किया और आगे कहा-

''जमीदोज कर दे बूढल ने मार-मार ठोकरां ड्योढ़ी बाहर कर दे इन ठसकीला ठीकरा ने।'' राजाजी ने हुक्म दागा।

''जान बख्शें हजूर...यह बूढ़ा मेरे बाप के बराबर है...इसको मैं कैसे...वह बोल की बेल भांजकर कह गया नया मार-बख्शी।''

''राज-हुक्म में दखल-देर।'' राजाजी भन्नाए-''गंडक-कुत्ता ने पगों में बिठायौ तो लागौ हाथ चाटवा। चल छिटक राज-नजर सूं दूर...।'' राजाजी अंगारा हुए और फिर आग की लपट बनकर घेर लिया उसको। फिर मार-पटककर उसके सीने को अपने शिकारी जूतों से तोड़ने जुटे तो कब रुके। तभी सामने खड़ा बूढ़ा दोहरा हो उस पर झुक गया। बूढ़े के बचाव-विचार ने आग में घी का काम किया और उन्होंने चार कदम पीछे हटकर उसकी मुट्ठी भर फंसलियों को जो ठोकर मारी तो खून उगलकर थोड़ी देर बाद वह वहीं ठंडा हो गया-और उसके पास बूढ़ा अचेत।

दूसरे दिन दरबार में मरा हुआ सन्नाटा छाया था। राजमहल में हत्या; वह भी राजाजी के हाथों–एक ब्रह्म-हत्या। रियासत के लंबे इतिहास में यह अनहोनी और अशुभ घटना थी। जमी हुई चुप्पी के जाल को भेदकर राजाजी ने उच्चारा–

"राजा धरती पे ईश्वर-अवतार होवै। अन्याव वो कदी नी करै। अन्याव ने वो न्याव में ढालै। जो होणी थी सो कल हुई। न्याव आज भी राजरे हाथ है। राज हुक्म करै के गुजरा मार-बख्शी रो बेटो आज और अब सूं नवो 'मार-बख्शी' है। राज ने भान है के नवो 'मार-बख्शी' मुटियार नी छोटो है, बाराह बरस रो, भगवान भूतनाथ रे भरोसे राज री मार खावेगा तो काल बड़ो वे जावेगा।"

इस हुक्म के बाद दरबार बरखास्त हो गया, सदा-सदा के लिए।

मेहंदी रचा ताजमहल

आंख पलक तक ढरकाए, आंचल की झीनी ओट में मुस्कान-रेख आंककर बहू ने ससुर जी को निहारा, उनके राख-राख चेहरे पर उभरी झेंप की झालर को अनदेखा जताने के लिए उसने अपने-आपको चूल्हे-चौके में उलझाए रखने की जुगत तो जोड़ी पर वे जान ही गए कि बहू सब परचा-परख गई है।

अपने नन्हे की उंगली थामे, उसे पैयां-पैयां चलाते हुए, उनका बेटा सुने को अनसुना करके भी जो अटपटा सामने आया है, उसकी सही-सही परख पा गया है; अब्बू को इसका पूरा यकीन हो गया है। अपनी भावज की ओट बैठी आंखों-आंखों में लाज-हया के डोरे समेटने में लगी उनकी बिनब्याही होशियार बेटी भी सब बांच-समझ गई है। अपने अब्बू का कड़वा चिट्ठा चौड़ा-चौपट जो हो गया है आज! अब्बू को इसका भी पूरा भान हो गया है।

अब्बू जैसे जलती रेत पर नंगे पैर खड़े हैं और वह अजानी-अनदेखी पुरखिन एकाएक आगे आ उभरकर अपनी रग-रग में रमी पुरानी आग को ठंडा करने के लिए भर-भर मुट्ठी रेत अब्बू के आपे पर फेंक रही है और वे सांप-छछूंदर की बेढब गत में आ गए हैं।

''ओ फारसी-किरस्तानी लिखे-पढ़े मुंसी जी; बेटा-बेटी और पोता-बहू से फली-फूली तुम्हारी बंस-बेल को तो देख लिया मैंने...तनि अपनी मानो, मुंसानी से भी तो मिलाओ, देखूं तो कैसी-कित्ती रूपरसी रही होगी, जो उस लाड़-लड़ी ने तुम्हें भरमां अपने आंचल से अटका लिया, और भुला-बिसरवा दिए वो 'खेल' या 'खेले' जो तब तुमने मुझसे—मुझ जैसियों से खेले...।''

''वो नहीं रही...उसकी कब्र पे तो हाथ-हाथ भर ऊंची घास खड़ी है आज। कैसे बोल रही...ऊंच-नीच तो समझ...आ कहां से गई तू गड़े-मुर्दे उखाड़ने?''

''मुर्दे उखाड़ने नहीं, भूत जगाने आई हूं...पूरे दो जुग बाद...तुमने सोचा, दो बीघा जमीन पे माथा मार, जो-ज्वारी खाकर मर-खप गई होगी दुलारी, दुल्लन...मरी ही

समझो, पे मरने से पेले तुम्हारी झलक लेने, दम भर को तुम्हें फिर देखने, हेत आ गई बस!" बोलते-बोलते उसकी आंखें डबडबा आईं और गला रुंध गया—अजीब और बड़ा अटपट था यह सब हमारे सामने। एक अनजान सूरत बुढ़िया एकदम अनसुनी बोली में अब्बू के लत्ते लेते हुए उनके जवानी भरे दिनों की बखिया उधेड़े चली जा रही थी और अब्बू अपने बेटा-बेटी-बहू के सामने पानी-पानी हुए जा रहे थे।

अपनी पलकों की झरन को छिपाने के लिए वे दीवानखाने की तरफ मुड़ने लगे कि बुढ़िया ने उन्हें बांह धर रोका और फिर हांक लगाई, "मुंसी जी! मैं तो तुम्हें याद करती रही, तुम्हारी चाह की आंच में पिघलती-जलती रही, तुम्हारी दी दो बीघा धरती को आंसू-पसीने से सींचती रही, रीती गोद मोटा-झोटा खाती-पहनती रही...इसी आस-बिसास में कि एक दिन तो तुम आओगे...हरजाई, तुम नहीं आए...मैं ही आई हूं...सीता मैया ने तो कुल चौदह बरस का बनवास झेला था, मैं तो अट्ठाईस बरस का वनवास भुगत के भी वहीं हूं...सोचो तनि...ना राम, ना लछमन...अकेलेपन का अकेला बनबास, कित्ते-कित्ते राकस-रावण ना आए होंगे...कलेजे में नेह का उजड़ा नीड़ ले, मरने से पहले तुम्हें देखने-कोसने आ गई, तुम्हारे डेरे।"

"अब चुप भी करेगी अपनी रामायन या..." अब्बू ने उसे बरजते हुए धमक दिखाई। पर वह भला कब चुप होने वाली थी? बोली, "नेह-नाते से गरजते! अब रूखे-सूखे क्यूं बरसो हो, मैंने जो सहा-जिया, तुम सुन तो लो...मैंने जो दिया तुम्हें, उसे तो तुम क्या लौटाओगे—गया वो तो सेंत-मेंत में...पे तुमने जो मुझे दिया था, वो जमीन का टुकड़ा, उसे मैं तुम्हें लौटाने आई हूं...ये लो उसके पट्टे-परवाने...मेरी नेह-लाज-देह का मोल तुमने मिट्टी से आंका...लो, वो सब लो...।" कहते-कहते बुढ़िया हांफने लगी और आंचल में खुंसा कागज का एक बोसीदा बंडल अब्बू की तरफ फेंक दिया। फिर थमी और मेरी आंखों में देखती हुई बोली, "तुम क्या जानो मासूमो, के मैं तुम्हारी क्या और कौन हूं। जिससे नेह-नाता जोड़ा, जब उसी ने बिसार दिया तो...।" बोल पूरे भी नहीं हो पाए थे कि वह अपने कांपते पैरों पर वहीं धसक गई और हाथ-पैर फैलाकर अचेत-सी हो गई। हम घबराए। अब्बू चकराए।

"मैं डॉक्टर को लेकर आता हूं।" कहकर मैं बाहर जाने को हुआ तो अब्बू की बैठी हुई आवाज ने रोका, "डॉक्टर नहीं, बैद जी; डॉक्टर की दवा यह लेगी नहीं।" भाभी को बुढ़िया के चेहरे पर पानी के छींटे देते देखा तो बहना बोली,

''तनि पानी की चार बूंदें चुआ तो भाभी, इनके मुंह में। तबीयत संभल जाएगी।''

''नहीं-नहीं, पानी जो डाल दिया तुमने इसके मुंह में तो ये और होश खो बैठेगी...दम ही दे देगी।'' अब्बू की बात सुनी तो भाभी के हाथ में कटोरे का पानी कांपकर रह गया। तभी बैद जी आए, नाड़ी-धड़कन को पढ़-समझ कर बोले, ''ताप-घाम में आ गई हैं मां जी। काढ़ा दिए देते हैं। ठीक हो जाएंगी।''

बैद जी रुखसत हुए। बेटी को टुकुर-टुकुर अपना मुंह जोहते पाया तो अब्बू बोले, ''ये बिरले बिरेहमन की विकट बेटी है, किसी के घर का, खास करके तुरक-पठान के घर का पानी नहीं पीने की।'' अब्बू कह रहे थे। तभी बुढ़िया ने आंख टमटमाई। अब्बू जैसे उसे ही सुनाते हुए आगे बोले, ''जाओ बिट्टो, पंडतानी बुआ को बुला लाओ। उनसे कहिओ; अपने घड़े का अछूता जल भी लोटा भरकर लेती आएं—जल्दी।''

बिट्टो उठ खड़ी हो, उसके पहले ही बुढ़िया के बोल आए, ''हमारे थैले में हैं गंगा-जल की सीसियां, नहीं पीने की किसी के यहां का पानी।'' इतना बोल वह उठने को हुई तो बिट्टो ने सहारा देकर बिठा दिया। उसकी भावज पंखा झलने लगी। सभी को अपनी हाजिरी-टहल में खड़ा देख बुढ़िया बोली, ''बहू-बिटिया और दूजे भी सब मेरी चाकरी में जुटे हैं, क्या लगूं हूं मैं तुम्हारी जो यों सब हलकान हो रहे मेरी खातिर...बेटी भी...।'' इतना कहकर एक मार करती हुई नजर उसने अब्बू पर फेंकी।

''अपनेपन को किसी रिश्ते का नाम देना लाजमी तो नहीं सास जी!''

''सास जी सरीखा नाता जोड़ के भी अपनेपन का नाम धरने की बात से मुकर रही ये हमारी स्यानी बहू। सुनो हो मुंसी जी?''

''अरे ये सब करेंगे। पे तू मुर्गे की डेढ़ टांग पे ना पहले जम सकी थी मेरे संग और ना अब चल सकेगी इनके साथ।'' अब्बू ने बीते दिनों की गर्द झाड़ते हुए जैसे उसे कुछ याद दिलाया।

''हां, सही, वो मेरा नेम-व्रत-संस्कार-धरम, जो कहो, जस-का-तस है। आज भी। इसे तो मैं छोड़ने की नहीं मरते दम तक।'' बात का शूल समझ उसने हूल दिया।

''मैंने तो तभी तुझे कह दिया था, के मैं शहंशाह अकबर नहीं जो 'जोधाबाई' बनाकर तुझे अपने महल-दोमहलों में रख सकूं...।''

''तो अब नौबत यहां तक आन पहुंची के मुंसी जी अपना नाम-हैसियत मुझे बताने लगे...बेटे-बहू के सामने अपना चिट्ठा खुलवा के रहोगे, मुझसे?'' वह

कुड़कुड़ाई तो अब्बू चुप हो गए।

"सास जी, जब आ ही गईं, तो रहो यहीं। वैसे भी अम्मां के ना रहने से हवेली के आंगन-चौबारे खाने दौड़े हैं, तुम्हारी सूरत में पोता-पोती दादी का हिया-जिया देख लेंगे और हम...।" बहू कह गई।

"किस उजियारे कुल की लछमी लाई जे मुंसानी...ये बहू तो मुझे ही अपने आंचल में भर रही।" इतना कहकर उसने बहू का माथा चूम लिया और बिट्टो का हाथ अपने हाथ में रखकर टिचकारी दे नन्हे पोते को अपने पास बुलाने लगी। उसे यूं नेह-पगा देख बहू बोली, "चलो, अम्मा के बैठके में ही जमा दें तुम्हें।"

"सौ साल जिए तेरा सुहाग लाड़ो...पे मैं कुल-बैरन अपनी मां की कोख में ही सात मास से आगे नहीं जम पाई तो अब यहां-कहां, कैसे जम पाऊंगी...मुंसी जी जाने हैं, खूब, मेरा माजना...मेरी मरजाद...इसीलिए तो मेरे आंचल में दो कट्टा मिट्टी भरकर बिसार गए मुझे। पे मैं कब बिसार पाई इन्हें...आज आखिरी टेम, आंख भर देखने के लिए जाने कैसे तो आ गई यहां, तो तुम सब मेरी गोद में आ ढले...पर मैं अब जाऊंगी, मुझे तो अब जाना ही है बेटे! मुझे पहुंचा आओ रेलगाड़ी तक।"

"हां, जी, इन्हें अम्मी जी के बैठके में ही पहुंचा आओ।" सबने उसे अम्मा के कमरे में ला बिठाया।

"दुलहिन, मेरी सफेदी में धूल गेर रही ये दुलारी, पे मैं चाहूं तो भी सबसे मुकर नहीं सकता। जो भेद बिट्टो की मां ठीक से नहीं जान पाई, आज वो जग-जाना हो सामने उघड़ा खड़ा है...तुम लजाती रही हो अब तक। आज तुम्हारा ससुर शर्मिंदा है। तुम्हारे सामने। क्या कहूं, कैसे कहूं...।" अब्बू नन्हे को गोद में लिए उसके बालों से उलझते हुए कह रहे थे।

"दुलारी, बड़ी पक्की और जबरी बिरेहमन है, तुम्हें खून दे देगी अपना पर तुम्हारे हाथ का पानी नहीं पिएगी। बरत-उपवास धारेगी तुम्हारे हेतु, अपने तीज-त्योहार भी पालेगी, परसाद-पान तुम्हें सब देगी, पे तुम्हारे शबरात-ईद पे बना कुछ ना लेगी...मेरी जानमाज में इसने गुल-बूटे काढ़ दिए, पे मेरे हाथ के चुने फूल इसने अपने ठाकुर जी को नहीं चढ़ाए। इसीलिए तो...अब तुमने इसे अपनी अम्मा की ठौर बिठा अपनी सास के पास बिठा दिया; वो सब ठीक। पे वो रह कैसे पाएगी हमारे साथ? दुलारी, हमारी सांसों में जी सकती है, लेकिन हमारे बर्तन-भांडों में नहीं खा सकती।"

अब्बू कह ही रहे थे कि वह बैठके से तभी बाहर आई और बोली, "हां, हां; मेरा नेम-धरम सब बता दो बहू को। वो पहले ही खूब समझू है। लो, मैं ही सब कह-बोल दूं इसे। बेटी! देह-डील दिया किसी को मैंने, अपना धरम-नेह नहीं दिया। आत्मा तो अछूती रखी और अब भी नहीं देने की अपना धरम तो। मेरी मोटी समझ आज भी फेर में है। तुम्हारी अजान होवे, मैं मौन सीस नवाऊं, मेरे ठाकुर जी का शंख बजे, घंटी टुनटुनाए; तुम इसे सत्कार लो। तुम अपने ढंग से रस-बस लो, मुझे अपनी रहनि रहने दो। नेह-न्याव में फिर फरक कहां?"

बहू ने सब सुना, समझा और बोली, "नन्हे! दादी जी से कहो, जैसे चाहें रहें, बसें। घर उनका ही है...।"

"अब ये इस घर में अलग से अपनी रसोई-परेंडी जमाएगी...सब इससे सध जाएगा इस उमिर में?" अब्बू बोले।

"अरे, तो मैं कौन-सी पड़ी-पातुरी हूं जो जम रही तुम्हारी देहरी-ड्योढ़ी...।" वह तीखी बर्र होकर बोली।

"इस रस्सी का बल नहीं जाने वाला!" अब्बू कह गए।

"अरे! जो तब तुम्हें अपनी रस्सी से नहीं बांधा, अब तुम्हें उससे बांधूंगी? जो यूं कडुआ रहे...मरद हो, इससे लुगाई का सब, धरम-करम भी, ले लो...।"

"नन्हे! दादी मां से कहो, कोई कुछ नहीं लेगा उनका। एक पंडिताइन रख छोड़ेंगे उनकी सेवा-टहल के लिए, खान-पान उनका सब हमसे दूर और अलग होगा। पर यों नहीं होगा ये सब...हमें प्यार-दुलार देंगी वो...और मीठी मार-मनुहार भी।" बहू बोली और उनका हाथ थामे अपने साथ ले जाती हुई कहती रही, "हरद्वार-काशी जाएं वो; जिनका कोई सगा-वारिस ना हो। सास जी के हम सब—आंख पलक पे रहेंगी वो हमारे।" बुढ़िया ने सुना और बहू से लिपटकर सिसकियां भरने लगी।

पूरे गांव में चर्चा—मुंशी जी की, किसी जमाने की कोई चहेती बुढ़िया दो जुग बाद उनके घर आई है—और उसने उनकी हवेली के ही चौबारे में अलग चूल्हा-चौका जमाकर वहीं अपनी गृहस्थी बसाई है। मुंशी जी पे देह-नेह का नाता रखकर भी उसने उनके हाथ का पहले ना कभी खाया और ना अब खाती है, मुंशी जी की बहू तो यों रीझी है अपनी नई सास पर के पूछो मत...उसके लिए नए बर्तन-भांड़े मंगवाए हैं शहर से। और उसकी टहल में रख लिया है बैजू पंडित की विधवा को। पंडिताइन आज कुएं पर धातु के नए कलसे को चमकाते हुए दीखीं तो बात चली—

"सुना है, पूरी भगतिन है।"

"और नी तो! देव-जगनी बेला से पेले नींद निबेड़ जागे है। फिर न्हावे-धोवे, आगे जो पूजा में बैठे तो सूरज-किरन पेड़ की फुनगियों पे चमके तभी आंख खोले है वो।" पंडिताइन ने बताया।

"और खान-पान?"

"वो भी सब अलग। मुट्ठी भर दाल-भात या फिर दो फुलके मैं ही सेंक-पका दूं। फिर छुट्टी।"

"दिन-भर क्या करती रेवे है वो?"

"अरे! करना धरना क्या है उसे। माला के मनके घुमावे, आंख मूंदे या फेर मुंसी जी के पोता-पोती के माथे पर हाथ फेरा करे है...।"

दिन यों ढरक गए जैसे केल-पात पर ठहरे जल-कण। बिट्टो के ब्याह की तारीख के दिन टूटते गए और दुलारी मां उसके दहेज के लिए मुंशियाइन के हाथों सहेजे-समेटे साल-दुपट्टों पर गोटा-किनारी टांकने में जुट गई। आंखों पर चश्मा चढ़ाए दिन-दिन भर उसका ये वो जोड़ा संभालती-सजाती वह यूं रंगराती हो गई कि जैसे अपनी कोखजनी को ही ब्याह रही हो, अपनी पूजापाटी से निपटकर, "बहू, ये देख, वो कर, ये रख, वो हटा, ये ला, वो दे" करती रही और ऐन विदा की बेला में अपनी पेटी में से एक लाल रेशम की धुंधियाई दिपदिपवाली साड़ी निकालकर बोली, "बहू! मेरी जिया ने मेरे सुहाग के लिए इसे तब सहेजा था—वो सब तो बदा नहीं...अपनी आखरी सांसों में किसी के हाथ इसे मेरे पास पठा दिया था...बिट्टो के सुहाग के जोड़ों के संग इसे धर दूं?" बहू कुछ बोले, इससे पहले ही पास खड़ी बिट्टो ने सब सुना-गुना और आगे बढ़कर उससे वह साड़ी लेकर उसे अपने आंखों-माथे पर चढ़ाया और फिर उसे भाभी के हाथों में थमा, हट गई।

आंसू डाल, हिये-जिये से लगा और उसकी मांग चूमकर उसने अपनी अंगिया में अंसी डिबिया निकाली। उसे खोला और उसमें भरे सिंदूर में यों ही-सी उंगली रखी और फिर बिट्टो की मांग को उससे छू भर दिया। और उसे यों विदा कर मुंशी जी की भीगी आंख पलक देख उनके पास जा खड़ी हुई, और फिर दरवाजे की चौखट पर हलके-हलके थाप देने लगी, जैसे उन्हें दिलासा दे रही हो, मुंशी जी ने उसे भीगी-पथराई देखा तो उन्हें लगा, जैसे बिट्टो की मां ही सामने खड़ी अपनी बेटी को विदा कर धीरज ढूंढ़ रही है।

ईद का चांद दिखा है, पहली ईद पीहर में मनाने के लिए बिट्टो आई है, नन्हे-मिन्नी ऊधम उठाए हैं, बहू उन्हें बरज रही पर वे हैं कि दादी के सिर चढ़े हैं, "दादी! फुलझड़ी मंगाओ, हम गुब्बारे लेंगे, सेवैयां खाएंगे दादी, मेरी सैंडिल अच्छी है कि मिन्नी की चप्पल...दादी, मेरी सफारी अच्छी है कि मिन्नी की शलवार-जंपर?"

"सब अच्छे हैं, और सबसे अच्छे नन्हे और मिन्नी।"

"दादी ने पहले हमें अच्छा कहा—ले—लू-लू-लू..ऽ...ऽ मिन्नी, पहले हम अच्छे।"

"दादी! भाई अच्छा और हम?" मिन्नी ने मुंह फुलाकर कहा और दादी से दूर छिटक गई।

"नी, रे! मिन्नी रानी तो बहुत अच्छी है," इतना कहकर उसने उसे अपनी बांहों में ले लिया।

"ले, ले, दादी ने हमें बहुत अच्छा कहा...नन्हे अच्छे...हम बहुत अच्छे।"

"नहीं रे बेटे मेरे, तुम दोनों भोत-भोत अच्छे हो।"

"अब भई, तुम दोनों दादी की गोद में ही घुमड़े रहोगे के इनके हाथों मेहंदी भी रचाने दोगे।" इतना कहकर बहू मेहंदी भरा कटोरा लेकर बैठ गई।

"हां, अम्मा! लाओ, एक हाथ इधर दो—हम भी रचाएं मेहंदी आपके।" बिट्टो भी पास खिसक आई।

"बावलियो! चढ़ा है तुम्हारे सिर आज कुछ! अब बूढ़ी मुर्दा-मुरझाई हथेलियों पर मैं मेहंदी रचवाऊं तुमसे! लाओ हाथ अपने...बिट्टो, बहू—मैं अपने पीहर, भांत की मेहंदी रचाऊंगी तुम्हारे।" उसने कहा।

"बुढ़ापे-बड़ापे की खूब चलाई आपने! अभी तो अल्लाह रखे, सौ साल बने रहें अब्बू। सुहाग का सगुन तो तुम्हें आज करना ही है, सास जी?" बहू बोली और उसके तलवे को साध, उस पर मेहंदी चुपड़ दी।

"करो क्या हो, छोकरियो! यों मेहंदी में बसाकर इस बुढ़िया को नवेली दुलहिन बना रही!"

"सास जी को आज ससुर जी की बैठके में भेजेंगे—ईद जो है ना।" बहू चुहल करती हुई आंखों-आंखों में बिट्टो से कुछ कहकर शरमा गई। बुढ़िया तो यह सब लख-गुनकर ऐसी छुई-मुई हुई कि उसके चेहरे की झुर्रियों में मेहंदी की लाली खिल उठी। तभी नन्हे सामने आया और बोला, "दादी की एक हथेली पर हम मेहंदी रचाएंगे? हमें ड्राइंग में सबसे ज्यादा नंबर मिले हैं।" और एक तीखी तीली ले वह दादी की हथेली पर मेहंदी मांडने में जुट गया।

खड़खड़ा के किवाड़ उघड़े। मुंशी जी ने किताब परे कर आंख चश्मे से ऊपर उठाई तो पाया, सामने लाल लहंगे-साड़ी में गहने-गुहने धार लाज-बसी दुलारी खड़ी है। दो युग पहले की उनकी चहेती दुलारी, लाड़भरी, मानभरी। वह मसनद से उठे, उसके पास आए और उसे बांहों में बटोरते हुए बोले, ''मैंने क्या दिया, मुझसे तो तेरी सौतन के जाए-जनमे अच्छे जो...।''

''उस भोली भागवान बहना को सौत कहकर क्यूं छीनो हो मुझसे मेरे बहू-बेटे-बेटी-पोता-पोती, मुंसी जी! मीठा त्योहार है, आज तो मीठा बोलते?'' वह उनकी बांहों के घेरे में घुलती हुई बोली। फिर अपनी बंद मुट्ठी उनके आगे कर कहा, ''बूझो तो भला? इसमें क्या है?'' मुंशी जी ने अपनी आंखों में उभरी पहलेवाली खिल्लाड़ और चमक-चंचल दुलारी को देखा और उसकी बंद मुट्ठी को अपनी अंजुरी में भर उस पर अपने होंठ रख दिए। वह थोड़ी देर गुम-ठगी-सी खड़ी रही, फिर बोली, ''तुम भला क्या बूझोगे? तुमने मुझे माटी दी...तुम्हारे पोते ने मुझे क्या दिया? लो, देखो।'' इतना कहकर उसने अपनी बंद मुट्ठी उनके सामने खोल दी।

मुंशी जी ने देखा, उसकी हथेली पर रचा मेहंदी का ताजमहल...खूब खुला खिला; गहरा रचा-बसा। पल-छिन के लिए वह भीतर-ही-भीतर हिल गए और फिर उन्होंने उसकी हथेली पर रचे ताजमहल को चूम लिया—एक बार नहीं, कई-कई बार। अब उसने अपनी हथेली समेट ली और बोली, ''नन्हे ने अपने दादा के अन्याय को कैसे जाना?...अजब है ना?...पे मुंशी जी, तुमने उसे अपने होंठों की सही देकर एक बार जैसे मेरा फिर सब कुछ हर लिया...सारा क्लेस-कलुस सारा ताप-संताप। मुंशी जी! अब मैं बेखटके चैन की मौत मरूंगी, बिना हारे पछताए, मौज की मौत—मेहंदी रची गैल पर चलती हुई मैं अपने लीलाधारी में लीन हो जाऊंगी, तुमसे नहीं तो तुम्हारे जायों से मैंने सब कुछ पा लिया...सब कुछ।'' वह झरती आंख-पलक कह गई। अब मुंशी जी की आंख में उसके आंसू थे और उसकी हथेली पर मेहंदी रचे ताजमहल पर मुंशी जी के आंसू झिलमिला रहे थे।

लोहे का खून

तब दो-चार जोड़ी बैल-घोड़े, दिन भर में नाल बांधने-बनाने को मिल जाते थे तो बीवी-बच्चों की गुजर-बसर हो जाती थी, फिर उसे कौन धन्ना सेठ बनना था, दो जून रूखा-सूखा और तन ढकने को मोटा-झोटा तो चाहिए न। हारी-बीमारी में ठीक से दवा-दारू न बन सके तो न सही पर पेट में भाड़ झोंकने को कुछ तो हो, दाल-दलिया न सही, साग-पात सही, पर इधर के बरसों से तो करीम बख्श नालबंद हाथ पर हाथ धरे बैठा ही दीखे, तांगा स्टैंड के बाईं बाजू खड़े बड़ के बूढ़े पेड़ तले जमे अपने खोखे के आगे बाप-दादाओं से चली आ रही यही उसकी पेढ़ी थी—ठौर ठिया था। इस कस्बेनुमा शहर में ही नहीं, आसपास के गांवों तक में उसे लोग 'उस्ताद नालबंद' के नाम से जानते थे।

नालसाजी उसका पुश्तैनी पेशा था। शहर से लेकर गांव तक उसकी कारीगरी की धाक थी। और क्यों न हो, उसके पुरखे शाही घुड़साल के नालसाज जो थे जिन्होंने बादशाहों की सवारी के खास अरबी और काबुली घोड़ों की नालसाजी की थी। उनकी महारत और शाही खिदमात को नवाजते हुए शहंशाह जहांगीर ने उन्हें सोने की नाल और चांदी की हथौड़ी बख्शीश में दी थी। और तो और, आगे जब अंग्रेज आए तो गोरेसाहब लोगों ने भी उन्हें काली स्याही से लिखे चिकने मोटे कागजों पर अंग्रेजी में उनके हुनर की तारीफों के परवाने दिए थे। सोने की नाल और चांदी की हथौड़ी की बात करीम बख्श ने सुनी ही थी। पर अंग्रेजों के दिए परवाने तो आज तक उसके अब्बू के पुराने बक्से में धरे हैं। अब वह अपने शाही नालसाज होने का रोना किसके आगे रोए और किसे तो दिखलाए लाट लोगों के परवाने।

घोड़ागाड़ी अब रहीं कितनी। नाई-कहार, धोबी-कुम्हार सभी तो आज ओटोगाड़ी का कीला दबाए फुर्र-फुर्र उड़े फिरे हैं, धुआं छोड़ते। कमनसीब है तो एक यह करीम बख्श जिसे हाथ में हुनर के रहते, रोटियों के लाले पड़ने लगे।

अब मुकद्दर पर किसका जोर; बेटा नसीबों में नहीं जो उसे नए धंधे-रोजगार में लगा दे। कोख जली हूरां की गोद में एक के बाद पांच-पांच डायनों ने हाथ-पैर मार बेदम ही तो कर डाला।

हूरां लाख सर पटककर हार गई कि नालबंदी का धंधा नहीं चलता तो इस पर पानी फेरो और किसी दूजे हुनर-रोजगार में जा लगो। पर करीम बख्श था कि सब सुनता पर करता क्या? उसके किए कुछ बनता भी तो नहीं। जब से होश संभाला बैल-घोड़ों के खुर-सुम रेत-रगड़ उनमें नाल बिठा कीलें-मेखें ही तो ठोकता रहा और यूं अब पचासा पार कर गया तो हूरां बीबी बोल रही कि किसी और धंधे-पानी से जा लगो। लुगाई जात के चाचरे जो समा जाए वो कम।

अब्बू के आखिरी दिनों में ही तो भट्ठी ठंडी हो गई थी। फिर उसने तो अपने चौबारे से उसे उखाड़ ही फेंका। भला अब उसे भट्ठी का करना भी क्या था...नालें-कीलें सब तय्यब अली लोखनवाले के यहां से बनी-बनाई मिलने लगी थीं। अंटी गरम हो तो चाहे जितनी तुलवा लो। फिर घर में भट्ठी गरमाकर जो माल बनाना भी चाहो तो बाजार मोल से महंगा बैठे। जानो कोयला तो कलेजे के मोल ठहरा। लोखनवाले के यहां से तभी माल आने लगा तो सिलसिला आज भी जारी है। पर जब हूरां जान को ही आ गई तो उसने फिर अपने चौबारे में भट्ठी जोड़ी। इस आस में कि चलो छैनी-टांकियों के सान-पान लगाकर ही चार पैसे का जुगाड़ बिठा लेंगे। पर पुराने शहर के परले कोने पर बसी इस इमली वाली गुवाड़ में भला कौन ग्राहक पहुंचता। जहां टपरियों के बाहर छोरा-छोरी नंग-धड़ंग उकड़ू बैठे रहते और टेनी मुर्गियां गंदगी में चोंच मारती कुड़कुड़ाया करतीं।

आग में नहाया सूरज अब अंगारा बना अपनी ही लाल-लाल लपटों में उलझा दूर पहाड़ियों के बीच ऊब-डूब हो रहा था। तभी करीम अपने ढलके कंधे पर तप्पड़ की थैली धरे गुवाड़ के कोने पर मुड़ा था कि उसे सामने नजमी दिखाई दी। सिर पर सीमेंट के खाली बोरों का गट्ठर था और वह मारे बोझ के दोहरी हुई जा रही थी। करीम ने अपनी बेटी को यों लदा-फंदा देखा तो आगे बढ़ उसे झेला दिया और पूछा, "भला क्या तो ये?" तभी हूरां भी उसके पास आकर थमी। उसने अपने 'होते-सोते' का मुर्दानगी मिला हुलिया आंखों में तोला और फिर उसके कंधे पर धरी नाल-औजार की थैली का कोना खींचते हुए पूछा—"आज सामान-औजार घर क्यों ले आए भला?"

''पहले तू बोल, मां-बेटी सिर पर किसकी लहास उठाए डोल रहीं?''

''जे...जे तो मैं अपना ही कफन सर पर चढ़ाए हूं, पर तुम अपने धंधे-रुजगार का जनाजा कंधे पर धर घर में क्यों ले आए? इस घर में तो पहले ही मुर्दों की कमी नहीं ना।''

''आज मैंने अपना ठीया किराए पर चढा दिया...आगे तो बढ़ो तुम दोनों। मारे बोझ के गर्दन धूजी जा रही। यहीं अटक गईं।''

''मैं नहीं। अटक गए तुम जो अपना ठीया और के हाथों सौंप बैठे।''

''अरे, तो अब उसे रखकर करता भी क्या? कौन धंधा-पानी रहा मेरा जो उसमें माल-सामान लाकर भरता। वो मोची रुपया रोजाना देगा...और जब चाहूं उसे उठा दूंगा। पांच जनों के सामने कोल किया है पर तू बता ये सिर-माथे टाट का गट्ठर लादे हांट-बजार क्यूं उछाल रही शाही नालसाजों की आबरू...कुछ खयाल है?''

''हां-हां, चलो शाही नालबंद घर चलो, सब बताऊंगी के या तो मेरे और मेरी बेटियों के मुंह पर नाल ठोंक दो या फिर जो करती हूं इसमें दखल न तोड़ो।'' हूरां थूक निगलकर कुरलाई।

अब शाही नालसाजों के चौबारे में मुंह पर ढाटा बांधे सीमेंट-धूल में सनी चार भूतनियां दिन-दिन भर सीमेंट के खाली बोरे उधेड़-सिया करतीं और एक टुमकटुम छोकरिया अपने नन्हे हाथों से आंखें मलती रहती। थैलों के उधेड़ने से पहले बिछे हुए बोरों पर उन्हें धीरे-धीरे झाड़-फटकारकर उनमें बची-खुची सीमेंट को सहेजा जाता और फिर उधड़े हुए दो थैलों की सिलाई कर एक बड़ी बोरी बनाई जाती। एक बोरी सीने-बनाने की मजूरी पंद्रह पैसे होती और इस हिसाब से मां-बेटियां जुटकर चार-पांच रुपये सीधे कर लेतीं, किलो-डेढ़ किलो सीमेंट हाथ लगता सो अलग। उसके दो-तीन रुपये पट जाते सो न्यारे।

करीम को अब लगने लगा कि जैसे उसकी ढहती घर-दीवार उस बिखरी सीमेंट से जैसे संध-जुड़ चली। शुरू के दिनों जहां उसे हांजी-हांजी और चिरौरी करके सीमेंट का खरीदार खड़ा करना पड़ता और तब भी मिट्टी का मोल मिलता, वहां अब हाट-बाजार में उसे बुला-पुकारकर सीमेंट का आधा-पूरा थैला दे जाने की बात होने लगी। कुछ दिनों के बाद तो लोग सीमेंट के लिए उसके निहोरे करने लगे। कोई-कोई तो उसकी मुट्ठी में पांच का नोट बतौर पेशगी ठूंस देता। आगे तो लोग पता पूछते-पूछते उसके घर के चक्कर लगाने लगे। सीमेंट का तोड़ा जो था—खुली बिक्री बंद और कंट्रोल लागू।

करीम ने घर भर को जो यूं काम-कमाई में लगा देखा तो थोड़ा आराम में आ गया। ठीए से रोज मिलने वाले रुपये पर उसका और सिर्फ उसका हक बन गया और उसका बीड़ी-तंबाकू का खर्च निकल आया। अपने जाने-परचे लोगों के बीच घुस; बिन बात की चर्चा चला बीड़ी का लग्गा लगाने की उसकी बान छूट गई। उलटे उन्हें दो-चार बीड़ियां पिला देने का उसका बूता बन गया।

अपने बढ़े बूते के बल ने जहां उसके तन पर धुले कपड़े ला दिए वहीं उसे आसपास से थोड़ा बेखबर भी बना दिया, जरा बेफिक्र। उसकी फिक्र तब जागी जब उसके कानों में रह-रहकर बड़ी नजमी की खांसी...खूं...खूं भरने लगी। जब तक वह लद से सीमेंट का थक्का थूक न देती उसे चैन न पड़ता। यही हाल हूरां का था। आगे तो सुगरा-जमीला और नूरी-निम्मी भी खुड़खुड़ाने लगीं। अपनी बीवी-बेटियों को यूं मिट्टी में मिलता देख करीम तिलमिला उठा पर करता भी तो क्या करता?

फिर भी उसने एक जुगत जोड़ ही ली। काले घोड़ों के सुम से उतरी-घिसी पांच-दस नालों को उसने कभी से सहेज रखा था, घर में ही भट्ठी तपाकर उसने कुछ के छल्ले बना लिए। अपने फटे पायजामे के एक पांयचे को धो-सीकर उसने एक थैला भी बना लिया। फिर उसने उन सुगनी नालों-छल्लों को रखकर कंधे पर धरा और घर से बाहर निकला। उसके हाथ में तार का घेरा था जिसमें फंदे थे; वही छल्ले काले घोड़े की नाल से बने।

मन-ही-मन गुनतारे लगाते हुए उसने ट्रक-स्टैंड की राह ली। जब वहां पहुंचा तो झिझककर सामने खड़ी ट्रक के पीछे जा खड़ा हुआ। थोड़ी देर अपने आपको साधा और फिर सतश्री अकाल कहकर एक सिख ड्राइवर से कह ही तो दिया—"बादशाहो, काले घोड़े की नाल नजर करें। गाड़ी के माथे पर चढ़ा दें, वाहे गुरु! अला-बला से बचावेंगे।"

"ओय चाचे! वो तो चंगा, पे इसकी कोई गारंटी के तू काले घोड़े की ही नाल देगा?"

"अब, दारजी ये तो भरोसे-ईमान की बात ठहरी, समझो एक का ईमान और दूसरे का पैसा।"

"तो लाओ जी दिखाओ अपना ईमान।"

"ये लो जी बादशाहो, असल काले घोड़े के सुम से उतरी नाल, देखोजी।" इतना कहकर करीम ने थैले से एक पुरानी घिसी हुई नाल उसे थमा दी।

"लो, भाई चाचे। वैसे ही बोल दिया मन्ने तो, अब इस नाल का क्या देखना-दिखाना और क्या परख-पहचान। बोल क्या देवें इसका?"

"वाहे गुरु दी फतह। इस सगुनी चीज का भला क्या मोल-भाव। जो जी चाहे दिलवा दें। बस समझो महीने में एक-आध मिल पावे है।"

"तो भी चाचे! कुछ तो बोल, सेठ ने दो लाख की नवी गड्डी पर आज ही चढ़ाया है मैनूं! बस ऐसी नीयत से दे के बरकत होवे और होवे बुरी नजर वाले का मुंह काला।"

"जब इत्ती बात बोल दिया बीर, तो लो इसे लगा ही दूं, अल्लाह का नाम ले गाड़ी की पेशानी पर।" इतना कहकर वह आगे आया और 'या अली मुश्किलकुशा' कहकर गाड़ी के बोनट पर जा चढ़ा। फिर नाल को सर-माथे से लगाकर तिलक की ठौर ठोंक दिया नाल को और नीचे उतर आया।

"वाह भाई खैरों से।" सरदार ने कहा और अपने तहमद की अंटी से मुड़ा-मुसा दो रुपये का नोट उसकी तरफ बढ़ा दिया तो करीम चार पग पीछे हट गया और बोला—"बादशाहो गजब! ऐसी करामाती चीज और उसका बदल दो रुपया...मोल-भाव को मारो गोली। और लो ये सफर-फतह-छल्ला अपनी उंगली में और डाल लो। मोला अली तुम्हें हर बला से बचाएंगे।" इतना कहकर करीम ने तार में से एक छल्ला निकालकर सरदार की उंगली में डाल दिया। अब उसने उसे आंखें-माथे में छू पांच रुपये का एक नोट करीम की मुट्ठी में दबा सलाम वालेकुम कहा और स्टीयरिंग-सीट पर जा बैठा।

"आखिर तेरे को हुआ क्या; जो तो नी जाती गोदाम को थैले पहुंचाने। बोलेगी भी कुछ या यूं ही मुंह तोबरा किए बैठी रहेगी।" करीम घर में घुसने को ही था कि हूरां की धारदार धमक सुनाई पड़ी। वह वहीं ठिठक गया।

"बोला ना, मैं नी जाने की अब उधर; चाहे दो धड़ी बत्ती बोरे सिलवा ले मेरे से यहां।" नजमी का तीखा बोल था।

"कोई बात तो बता; कल गई थी, हमेशा जावे, आज नहीं जाती। आखिर क्यों?" नजमी अब भी टस-से-मस न हुई तो हूरां हाथ छोड़ बैठी।

"मैया मार गेर पे मैं नहीं जाने की उस मरदूद की पेढ़ी। दो-तीन चक्कर कर लेगी, सुगरा को भेज दे।"

"मैं कूं जाऊं। कल उस बड़े बाबू ने नजमी का पल्लू खींच लिया था। तभी तो इसने उसे धक्का दिया। मैं तो छोटी हूं, मुझसे तो धक्का भी न दिया जाएगा।"

सुगरा की बात सुनकर करीम सन्नाटे में आ गया। पैर पटकता हुआ घर में घुसा और गरजा।

"मैं कहूं हूरां, तू आखिर नालसाजों का पत-पानी उतारने पर क्यों तुली है... अब कल से समेटो ये धंधा। अल्लाह ने चाहा तो मेरा काले घोड़े की नाल-छल्ले का हिल्ला चल निकलेगा।" जेब में पड़े पांच रुपए के नोट की ताब करीम से कहलवा गई।

"तुम्हारे जाए पैर नहीं चलने के; फिर ये मजूरी भी बंद ही समझो। सीमेंट मिले कहां है लोगों को जो हमें खाली थैले मिल जाएंगे...वो मुनीम बोले था ट्रकों माल 'बिलेक' में उड़ जावे, पर लोग पकड़-धकड़ से डर के खाली थैले दबा जावें, निकालें ही नहीं उन्हें।" हूरां ने कडुआ कर उथला दिया।

"वो तू जान पर अब से नालसाजों की बेटी हराम मजूरी नहीं करेगी। अपनी आबरू पर हाथ डलवाने नहीं जाएगी किसी पेढ़ी गोदाम समझी।" करीम करारा हुआ।

"लो बेटियां नहीं जावेंगी। नालसाजों की बहू तो जावेगी। इससे उनकी पत रह जावेगी। कहो तो मैं भी न जाऊं...अब मेरा भी कहीं जावे ठेंगा। लाओ धर दो मेरी हथेली पर आज जो कमाकर लाए हो। कौन मुझे ही सोक चढ़ा है कहीं जाने का।" हूरां की कसक को समझ करीम नरम हुआ और बोला।

"जैसे मुझे अच्छा लगे है तुम्हारा दिन-दिन भर मजूरी में खटना...ले आज तो पांच रुपए बने हैं, कल का अल्लाह मालिक है।" करीम बख्श आज फिर ट्रक-स्टैंड पर फेरी लगा रहा था, आज उसके बोल खुल गए थे, ट्रक के अंदर ड्राइवर की सीट के सामने शिवजी की मूर्ति देखता तो शिव-पार्वती की दुहाई देने लगता। कृष्णजी का चित्र देखता तो राधा-किशन की लीला बखान देता, फिर सीता-राम की आन फेर देता। अल्लाह-मुहम्मद लिखा होता तो मदीने कमली वाले का वास्ता देता। उसे खुद अचरज होने लगता कि ऐसी चरपरी मीठी बोली और ये दिल-जीत लटके इसके भीतर कहां सोए पड़े थे जो आज जाग-जग रहे।

"असलाम अलेकुम।" उसने एक ट्रक की पेशानी पर 'अल्लाह-मुहम्मद' लिखा देखा तो सलाम किया।

"जै रामजी की। मैं तो खलासी हूं बाबा। उस्ताद उधर सामने 'चा' पी रहे, वो जिनके गले में ताबीज है।" उस जवान-से छोकरे ने ट्रक के नीचे लेटे-लेटे ही जवाब दिया तो वह ढाबे की तरफ चल दिया।

"असलाम अलेकुम।"

"वालेकुम सलाम। आइए बैठिए।"

ड्राइवर ने उसे अदब से कहा और छोकरे को चाय लाने को कहा, फिर बोला—"फरमाइए क्या खिदमत की जाए आपकी।" उसकी ऐसी साफ और खरी जबान सुनकर करीम सकते में आ गया। थूक निगलकर बोला—

"हमरै पास काले घोड़े की कुछ नाल हैं...इन्हें ट्रक की पेशानी पर लगाने से बला-बत्तर दूर होते हैं, सफर कामयाब होते हैं।"

"हूं..." जैसे तावीज से आवाज आई, "मुसलमान हो?"

"क्यों नहीं, मेरा नाम करीम बख्श नालसाज है।"

"पढ़े-लिखे भी हो शायद।"

"बस यूं ही थोड़ा कायदा-कुरआन।"

"तो देखिए क्या लिखा है ट्रक के सामने पढ़िए।"

"अल्लाह-मुहम्मद।" उसने पढ़ा और होंठों-माथे पर हाथ लगाया।

"तो जहां, अल्लाह-मोहम्मद लिखा है वहां घोड़े की नाल लगाओगे...डूब मरने का मकाम है मियां; भीख ही मांगना है तो सीधे-सीधे मांगो...लो चाय आ गई। लीजिए।"

"बस शुक्रिया महरबानी!"कहकर करीम उठ खड़ा हुआ पिटा-पिटा। आगे किसी और से बात की हिम्मत ही न हुई। उसने सीधे घर की राह ली। ट्रकों पर नाल ठोंकने का यह हिल्ला भी नहीं चलने का और यह सोचकर ही उसे झुरझुरी आ गई। मरे-मरे पैरों से वह आगे बढ़ने लगा। घर के सामने आकर तो उसके पैर ठुककर ही रह गए। कल ही हूरां को डांटा-धमकाया कि कोई मजूरी न करे और आज, दूसरे दिन ही खाली हाथ उसके सामने कैसे जाऊं। करीम सोचकर फिर ठिठक गया। तभी भीतर से मार करती हुई हूरां की आवाज आई— "आते क्यों नहीं अंदर! डाकिए की तरह बाहर क्यूं खड़े हो?" करीम को चेत हुआ। भीतर गया तो देखा—झिंगली खाट पर नजमी सर से पैर तक छिर-छिरा दुपट्टा ताने पड़ी है और हूरां ठंडे पानी की पट्टियां उसके माथे पर चढ़ा-उतार रही है। वह सन्न-सा रह गया।

"क्या तो हो गया इसे?"

"देखो ना, छूकर बदन कैसा तवे सा तप रहा है, बार-बार खांसी उठ रही है।" तभी नजमी खांसी की खूं-खूं में उलझकर दोहरी हो उठ बैठी और लद-से खखार का थक्का थूक दिया, उसमें खून था। हूरां-करीम ने एक-दूसरे की

आंखों में डर देखा और चुप हो गए। फिर करीम बोला—

"भोत तेज बुखार है इसे। अब क्या करें? बकरी के दूध की पट्टी माथे पर रखने से बुखार जल्दी टूट जावे है। सत्तार के यहां से थोड़ा दूध मंगवा ले।"

"सत्तार तो ठीक, वो उसके सात बेटों की मां को जानो हो? उस दिन छुटकी के गले में छलछला आए छालों पर काली बकरी के थन की धार छोड़ने तक को ना कर दिया। आज भला दे देगी दूध भरा कटोरा। छुटकी गई है पास के नए मोहल्ले में प्रोफेसरानी के यहां; बर्फ के कंकर मांगने। आती ही होगी।"

बर्फ आने से पहले ही करीम का बित्ता सिताकर ठर हो गया। अब? रोटी रोजगार? ऊपर से रोग-बीमारी। काले घोड़े की नाल-छल्ले(?) का धंधा रोज-रोज चलने का नहीं, कोई नजर-गुजर माने न माने। कोई नाल को बिसासे न बिसासे। फिर कुछ ने तो ट्रकों के माथे पर काले रंग वारनेस से नाल ही मंडवाकर तसल्ली कर ली, तो कुछ ने बम्पर के आगे पुराना जूता लटकाकर। पर करीम ने फेरी पर जाना फिर भी न छोड़ा। पर कभी कोई गाहक पटता कभी न पटता और ट्रक-लारियां चल पड़तीं। पर उसकी अपनी घर-गाड़ी?

खानदान, इज्जत, आबरू और ऊपर से मर्दानगी और खुद-कमाई की धमक तो दिखा चुका पर अब...आगे? अब आगे? के चक्कर करीम के माथे, मन में धंसकर रह गए। आज नजमी का पल्ला खींचा किसी ने...कल...और कल...भनक पड़ी रमजू के घर...और फिर उसका घर-बासा कौन दूर है। हुआ क्या जो उसने ओटो-रिक्शे की मरम्मत का काम सीख चार पैसे कमा लिए। थोड़ी दूर नई बस्ती में किस्तों पर घर ले लिया। आखिर तो है इसी शहर में। लाख चचेरा भाई हुआ। पर अब तो समधी ठहरा। वो भी बेटे वाला और मैं बेटी वाला...बेटी के बाप का पगगड़ नीचा। करीम कुछ और सोचकर निकला था घर से, पर कुछ और ही उसकी सोच में आ समाया। 'सिर नीचा तो नीचा ही सही...समधी न सही अपने सगे को जाकर क्यों न परखूं...रमजू में आखिर तो उसी का ख़ून है—एक बाप-दादा का खून।' इसी सोच में लगा-बंधा वह अब रमजू के घर की बंसखट के आगे खड़ा था। रोक को परे ठेल हांक लगाई—"अरे भाई रमजू, घर में हो क्या?"

"सलाम जेठ जी। भीतर हैं वो।" घर बुहारती रमजू की घरवाली ने ओकारा देकर ओढ़नी का पल्लू नाक तक खींच लिया। करीम ने अपना लिहाज देखा और भीतर हो लिया।

"कैसे हो भैया?" रमजू ने तहमद की गिरह ठीक करते हुए ठंडे-ठंडे पूछा।

"ठीक ही है सब। कई-कई दिन हुए तुम्हें देखे। सोचा आज मिल ही लूं चलके।"

"वो तो अच्छा किया। फिर भी कैसे आना हुआ?" रमजू के बोल से रूखापन झलकता था। तभी चाय का कप आगे करते हुए घरवाली ने पूछा—"कैसे हैं सब भाभी-बेटियां?"

"रब राजी है...सब ठीक है।"

"अच्छा!" बोल में बल भरकर वह वहां से टल गई तो करीम ने झिझककर कहा—"भाई रमजू। वो बात ऐसी है...तुम जानो अब नालसाजी तो चलती नहीं। सोचता हूं अपने ठीए पर साइकिल के टायर-ट्यूब पकाने-जोड़ने, क्या बोलें 'व्लकनाइज' करने का पाया जोड़ लूं।"

"अच्छा ही है।"

"पर रकम! तुम थोड़ी इमदाद कर देते। लाख सर मारा, पर सूझता नहीं कि किसके आगे हाथ फैलाऊं। तुम्हीं पर जोर है...खून का रिश्ता फिर अब तो आतें उलझी हैं। हमारा समधियाना..." करीम एक सांस में कह गया।

"खून का रिश्ता है वो ठीक...पर सुना है नजमी बीमार है। इधर उसे कोई बीमारी...खून थूकने लगी है...कोई बड़ी बीमारी है?" रमजू ने सीधे-सीधे सवाल किया।

करीम चौंका और बोला, "किस मरदूद ने कही। अब इंसान है। ताप-बुखार किसे ना हो जावे भला?"

"अब जो तुम कहो। पर खांसी-खुशबू किसी के छिपाए छिपी है कभी। सीमेंट के बोरे झटक-सिलवाओगे किसी से तो और भला होगा भी क्या? सगाई ही तो की है हमने...हां सौ-पचास रुपए से अटके हो तो गुमान न करना, मांग लेना। अच्छा चलूं, दुकान खोलनी है..." रमजू ने कहा और करीम उठता उसके पहले ही वह उठ खड़ा हुआ।

'ले। करीमे! सीमेंट की धूल दूर तक जा उड़ी और इससे उझकी खांसी की खखार कहां-कहां न जा बजी। समझाया था हूरां को...अब कूटे अपना कपाल। फंदी-फंसी रहे बेटियों के जाल-जंजाल; जिंदगी भर। कोई कहा करे तब न।' सोच के साधे वह सीधा चला जा रहा था। नाक की सीध में। किधर? 'आखिर तो क्या करती हूरां। आप भूखी रह जाती पर पेट की औलाद को भला कब तक भूखों मरता देखती। फिर कोई चोरी-छिनाला तो किया नहीं। मजूरी ही तो की

और मजूरी में काहे की लाज-शरम...लेकिन अब? अब लाज-शरम भी नहीं बचने की। अभी तो रमजू बीमारी-मांदगी की बात बोला है। भाई-बिरादरी उसे दबा सकते हैं। पर आगे इज्जत-आबरू की बात उठी तो? भला मैं ही क्यों न संभलूं...अरे कोई मुकद्दर बेच खाया है। हिम्मत-ए-मर्दा-मदद-ए खुदा। आखिर तो लोहा मारने-मोड़ने वाले का बेटा हूं। रखे रमजू अपनी सौ-पचास की मद अपने पास। इधर गरीब-गुरबाओं को धंधे-रुजगार के वास्ते सरकारी बैंकों से करज भी तो मिले, बतावें। उधर ही तकदीर क्यों न आजमाऊं। सोच की रौ में बहता हुआ करीम जहां रुका वहां थी तय्यब अली लोखनवाले की दुकान। 'बैंक से करज चटपट तो मिलने का नहीं' यही सोच वह सलाम अलेकुम करके सीढ़ियां चढ़ा और कह-सुनकर जूतों के तले में लगने वाले आधा किलो नारंगी नाल और मोगरे कीलें तुलवाकर नीचे उतरा। जब तक और कोई डौल न बैठे-सधे, यही सही। कोई तो किसान गमेती अपने चमरोंधे जूतों-तले इन्हें ठुकवाने आएगा ही। उसने अपने आपको दिलासा दिया और सरपट दौड़ता-सा जा पहुंचा अपने ठिए। कचरू मोची ठीया झाड़कर बैठा ही था, उससे बोला, "भाई कचरू, आज से हम भी बैठेंगे यहां। तेरे जचे तो आधे में तू और आधे में हम बिछा लें अपना बोरिया, यों ही जूतों में नाल-कील ठोंकने वास्ते। नहीं तो...।"

"नहीं तो क्या करीम भाई! तुम भी बैठ जाओ। अपने भाग का तुम कमा-खाओ मेरे भाग का मैं।" कचरू ने कहा और अपना बखेरा परे कर जगह बनाने लगा।

"ठीक ही कहा किसी ने एक तख्त पर दो बादशाह नहीं बैठ सकते पर एक गूदड़ी में दो फकीर रह सकते हैं।" करीम ने कचरू का हाथ अपने हाथों में झेलकर कहा—"अब, अब करें भी तो क्या भाई। बैल-घोड़े रहे ही कितने जो उनकी नालबंदी से गुजारा हो। सोचा—जूतों में नाल-मोगरे ठोंकने से ही जो रोटी सीधी हो जाए।"

"वो तो ठीक करीम भाई! पर नाल-मोगरे तो तब लगे-लगवाए कोई, जब जूता चमड़े का हो। पर इधर तो, देखो हो तुम, सारे जूते-चप्पल प्लास्टिक या रबड़ के पहने हैं लोग। दिन भर में मुश्किल से जो एक जोड़ आता हो चमड़े का। चमड़े के तले का! सब दूर केनवास-रबड़, तुम्हारे सामने पड़े हैं देख लो।" कचरू ने बात की तह में जाकर जो जतलाया उसे सुनकर भी करीम ने कुछ न सुना और कुछ न सुनकर भी सब कुछ समझ लिया। फिर सर पर दुहत्थड़ मार वहीं धसक गया। थोड़ी देर बाद हौसला समेटकर तप्पड़ बिछा उस पर जूतों

में लगने वाला सामान फैलाकर वहां बैठ गया। सूरज चढ़ने लगा। उसकी आंखें आदमी की सूरत को नहीं, उसके जूतों को देख-देखकर थक गईं पर चमड़े का जूता उसकी देख में न आया। कचरू टाट उलट 'चा-पानी' कर आया पर चहेता जूता नहीं आया। नजर आया वो सामने तो मंगलू—लंगड़ाता, एक पैर पर डील साधे कूदता-कूदता आकर धम्म से उसके सामने आ बैठा और बोला, "राम-भगवान, ईश्वर-अल्लाह जो कहो। वो है बड़ा डरपोक करीम भाई! कभी सामने ही नहीं आवे वो।"

"वो पालनहार, दाता है, ऐसे बोल उसे। तोबा कर कान पकड़ बे मंगलू।"

"मेरे सामने जो आ जावे तेरा वो दाता-पालनहार तो उससे पूछूं ये धांधली कैसी—घी में घी घना और कहीं आधा चना! आदमी बना के...।"

"अरे, जो वो करे ठीक करे सब। आदमी को अपने किए-धरे का सजा-दंड तो मिलना ही है ना?"

"चोरी-चकारी या फिर हाय-हत्या करूं जो सजा दंड भुगतूं? फिर अभी देख, इस पराए जाए बचवे-टाबर को गाड़ी-रेहड़े के तले आने से बचाया तो कौन पाप कर दिया मैंने जो गड़ा दिया हमारी एड़ी तलवे में तेरे पालनहारे ने कांटा-कंकड़।" मंगलू ने कूल्हे के बल टिक, तलुवा पेट की तरफ मोड़कर दुखती ठौर को टोहते हुए कहा।

"इसमें उस पाक-परवरदिगार को क्यों कोस रहा? उसने अकल किस वास्ते दी इंसान को। फिर कोई जूता ही न पहने तो नंगे पैर में तो कांटा-कंकर लगना ही है, बता इसमें उस रब की क्या खता?" करीम ने बीड़ी का बुझा टोंटा कान में खोंसते हुए कहा, "ला इधर को पैर। मैं देखूं क्या तो पैठ गया तेरे तलवे में।" और उसने मंगलू के तलवे को आरसी के ढब में अपने घुटने पर साध लिया और कचरू का तीखा सुइया लेकर कुरेदने लगा—जहां टीस थी वहीं।

"करीम भाई! और कुछ नहीं तो जूते ही दिलवा दे अपने दाता से। हमारे पैर चोखे नहीं तो सिर पर ही धार लेंगे उन्हें। इस भूनकर रख देने वाले धूप-घाम से ही बचेंगे तनि। देख इस बरस तो बिचारी मानुस-जात की क्या होंस; सूरज तक को पसीना छूट गया। देखी थी न कल धूप में बूंद-बूंद बरखा। पर आज वो ही लू-लपट। धरती पर पग रखो तो कपाल में अंगार फूटे। पैर तो जैसे ताते तवे पर पड़ा।" कुरेद से 'सा-सू' करता मंगलू बोला।

"वो तो ठीक कही तूने, मंगलू! यार तेरे तलवे एकदम कठोर जैसे लोहे-लोखन के बने हैं। देख तो ये लोहे की कील तेरे तलवे में धंसकर टेढ़ी

हो गई बिचारी नन्ही सी, ले देख ये ही है ना?'' करीम ने सुइए की नोक से कील को हूलते हुए कहा।

''बस ये ही, खोद निकाल दारी को बाहर।'' मंगलू ने टीस को दांतों तले दबाते हुए कहा। करीम ने थोड़ी और कुरेद की, फिर एक तुड़ी-मुड़ी कील उसके हाथ में थमा दी तब राहत की सांस लेकर बोला—

''भाई करीम! न हो तू हमारे पग में नाल ठोक दे, ये ही जो बनी-बनाई जो आवे—छोटी नारंगी की नन्ही फांक-सी नाल—एक एड़ी में और एक-एक तलवे के आजू-बाजू। ससुरी इस आग-बबूला धरती से तलवे कुछ तो ऊपर रहेंगे, सीधे जा न लगेंगे इससे, थोड़ा तो बचाव होगा उनका तपन से। अब ये जूते का मोल तो अपने बस का नहीं। प्लास्टिक तक का जूता दस-बारह रुपये से कम में नहीं पड़े और फिर चार दिन में चिर-फूं।'' मंगलू ने निकाली हुई कील को हवा में उछालते हुए कहा। करीम के अनसधे सोच में उसकी बात कहीं गहरे जाकर गड़ गई।

'मंगलू जैसे लोग सड़क-गेल की तपन से बचाव के लिए अपने पैरों में नाल लगवाने लग जाएं तो! रुपये-सवा रुपये में काम सर जाएगा। जूते की दूर, टायर की चप्पल तक पांच रुपए से कम में नहीं आती और टिकाऊ भी नहीं।' करीम के हारे-हिरसाए माथे पर कौंध हुई। उसने अपने नंगे पैरों की फैली एड़ियों की काठ-सी बेजार खुरदरी और बेजान मोटी खाल पर जमी मिट्टी-कादे की परत को खुरच दिया। 'आदमी के पैर में नाल! वाह!' उसने बुदबुदाकर खुद ही जैसे अपना मुंह चिढ़ा दिया।

'अपने कपाल-कांधे पर भारी बोझा ढोते-ढोते मजूरों-कामगारों के पैर, उनकी एड़ियां-तलवे, काठ से कट्ठे हो जावें। सफेद-फट, खून उनमें कहां, आखिर तो सारे बोझ का जोर पैरों के नीचे ही आवे और खून खुश्क। जब मेरी अपनी एड़ियां-तलवे बैल के सुम-खुर से मोटे मुर्दार हैं तो सिर-पीठ पर दो-दो मन बोझा ढोने वालों के एड़ी-तलवे क्या हुए? मंगलू को ही लो, एड़ी में धंसने को हुई कील टेढ़ी-टर्र हो गई...तो क्या इसमें नाल की मकोड़े-सी कील नहीं ठुक सकती?...आदमी के पैर में नाल! क्यों नहीं?' करीम सोच की गहराई में ऊब-डूब हो गया।

''अरे! भाई, कहां गहरे जा अटका करीम! ले सुलगा बीड़ी।'' मंगलू ने उसे टोहका देते हुए कहा। तभी इसके पास आकर जान बीन के दो-चार मजूर-मवाली और आ बैठे। बीड़ी के धुएं में फिर नाल चमक उठी तो करीम बोला—

"गोबिंदा! ये मंगलू बोले के जूते-चप्पल का मोल तो बस का नहीं, तू हमारे पैर में कोई छोटी-छुटक नाल ठोक दे। हैं भी इसके एड़ी-तलवे काठ-कठोर, इसमें धंसकर वो कील टेढ़ी हो गई...तू भी ठुकवाएगा रामलखन बोल अपने नाल।" उसने चुहल की।

"वो बात, तो, पहले मंगलू ठुकवा ले अपने या फिर तू खुद अपने ठोककर दिखा दे नाल। तू तो ठहरा खानदानी नाल-ठोक। उठा हथोड़ा जो एक बूंद खून न झलकी और लग गई नाल तो फिर हम सब ठुकवा लेंगे, चल हो जा सुरू।"

"अरे ललकारे मती। वो हुनर है हाथ में कि छह महीने के बछड़े के खुर में नाल ठोक दें। मजाल जो बूंद खून झलक आए।" करीम अकड़ में आकर कह गया।

"तो भाई तू तो पचास का पाठा है। फिर तेरी तो एड़ी-पगतली भी लोखन-जात-सख्त। ठोंक न बता दे अपने नाल। औरों की न बोलूं, मैं तो ठुकवा ही लूंगा नाल तब।" अक्खड़ रामलखन ठिठोली पर उतर आया था और उसे चढ़ाए जा रहा था।

"चल, सरत अपनी कि नाल-कील से तेरे को जरा भी खून न निकला तो पांच रुपए मैं हारा...नहीं तो करीम।"

"हां-हां, दूंगा। जो मुकरे अपने बाप से नहीं।"

"तो रख कचरू कने पहले पांच का नोट।"

"भरोसा ही नहीं इसे। ले भाई कचरे पांच का नोट रख।" नोट कचरू को थमाकर रामलखन बोला। "चल, तोल हथोड़ी, ये नारंगी फांक-सी नन्ही नाल ही सही। ठोक बता अपने पगतल में।"

"क्या बौराया है तू रामलखनवे! मैंने अपने जान-जंजाल के रहते यूं ही बात उछाल दी और तू ले उड़ा और करीम भाई को अब उकसाए जा रहा अनहोनी करने को।" मंगलू झुंझलाकर बोला।

"बौराया मैं नहीं, ये ही पगलाया है..." करीम ने कुछ न सुना। एकबारगी उसके माथे पर पसीने की बूंदें चुहचुहा आईं और तभी नजमी की पीलियाई काया और कलसाया चेहरा उसकी आंखों में घूम गया। टी.बी. के अस्पताल से उसे ढेर सारी गोलियां और इंजेक्शन मिलने थे। बस पांच रुपए का इमदादी टिकिट भर बीमारी के फार्म पर लगाना था। दो-तीन दिन से बात अटकी हुई थी। पांच रुपये गिरह में हों तब न आए दवा। उसने मर्दानगी और हुनर की धोंस में सीमेंट के थैलों की झाट-फटकार का धंधा अपने चौबारे से उठवा दिया था। रमजू की बात

भी उसे चुभ गई थी। उसने हूरां को बजबजाकर कहा था, 'अब मैं नए हिल्ले से लगूंगा। तूने लोंडियों को साथ लगा घर में धंधा जोड़ मुझे काहिल-कामचोर बना दिया।'

'तो कमाओ ना, जाओ। यहां कौन खून-थूक कलेजा-फाड़ मजूरी करने की मनौती माने बैठे हैं, बड़भागी मैं और सिर के ताज तुम जो कमाओ और मैं पकाऊं-खिलाऊं सबको।'

अपने मर्द की धोंस-धमक से चिढ़कर हूरां बोली, 'अब जाते हो तो कुछ लेकर ही घर में घुसना, सीमेंट के थैले तो वैसे भी नापेद हुए। हां।' करीम हूरां की हाय-हाय में गुम हो चला, 'बिचारी बेबस औरत जात।'

"कहां खोए-बिलमाए भाई करीम!"

रामलखन की चेंट से वह चौंका, बोला, "लो तो देखो फिर।" उसने जमकर बैठक ली और पीठ को खोखे से टिका अपने सीधे पैर की पगतली को स्लेट-तख्ती की ढब में दाएं पैर के घुटने पर साध लिया। कंकर-कांटों से गुदी खुरदुरी मरी खाल उसके सामने थी। जिसमें बैठी थी हूरां की मार। नजमी की बीमार सूरत। फिर रामलखन की शर्त...पांच रुपए का नोट...दवाई, इंजेक्शन और क्या-क्या। तभी उसने एड़ी पर नाल रखकर हथौड़ी तानी कि...किसी ने उसके हाथ से हथौड़ी झपट ली। अब रामलखन के हाथ में हथौड़ी थी और आंखों में, पानी में डूबती लाली। उसे लगा जैसे नाल से...खून झर रहा है...खून लोहे का खून...वह संभला तो बोला—"बस-बस हो गया करीम भाई। हम सरत हार गए।"

"वो कैसे! तूने तो—" करीम समझा नहीं।

"कहा न हार गए सरत। कचरू दे दे पांच का नोट करीम को।"

"ओह! तो यूं ठहरी बात...नहीं रे, रख तू अपना नोट। कौन तू सेठ-साहूकार ठहरा जो ब्याज-बट्टे की कमाई आवे। अपनी मजूरी अपने पास रख। फिर जिंदगानी कौन शर्तों के सहारे चलने वाली है।" करीम ने नोट रामलखन की मुट्ठी में ठूंस दिया। और अपनी ठोढ़ी के नीचे अंगूठा धर चार उंगलियों को गाल से सटा जोर से हांक लगाई—"नेता भैया हो!" और उठ खड़ा हुआ। बोला, "सामने जा रहे नेता भैया, कल कहा था इन्होंने बैंक कर्ज वास्ते फार्म भरवाने के लिए।" और दौड़ चला सड़क के बाएं बाजू। सब उसे देखते रह गए।

तिनके का तूफान

बबूल के पेड़ तले खजूर की गुठली-गुठ्ठल के ढब, एक अजूबे की भांति, वह कब और कैसे आन पड़ा इन भिखमंगों-जेबकटुओं और उच्चक-उठंगों के बासे टोले में? कौन जाने। वह खुद जानता भी हो तो कह बोल तो सकता नहीं। हों-हों, खों-खों को छोड़ और कोई बोली-बोल भी तो नहीं उसके पास। अलबत्ता मुंह बिचकाकर, ठूंठ से हाथ-कोहनी हिला-डुलाकर वह अपना हिरास-हुलास और रीस-रुझान जब-तब बतला सकता है। बस।

उसके बेडौल तन-तोल और अनबोले अपाहिजपन को लख-जांचकर बूढ़ी-बेसहारा नज्जो की आंखें चमकीं। उसके माथे में एकाएक कौंध हुई-बौड़म लार टपकाते, टेढ़ी आंख-नाक, एक बाजू तनी गर्दन, गन्ने की गांठ तक गए हाथ और बांस-खंड की सी टांगों को घसीट घुटनों के बल रेंगते इस बीस-बाईस बरस के डढ़ियल छोकरेनुमा आदमी की कूकर खांसी-सी खरखराहट के रहते गिलगिले मन के लोग ढुलकेंगे और दया-दीन मान, इसके गले में लटके भीख-ठीकरे में कुछ न कुछ डाल देने के लिए बेजोर हो ही तो जाएंगे ना... आदमी के चोले में जिनावर सिरजा उस ऊपर वाले ने। पर जो जिनावर नहीं जनमते तो मेरे जैसे मरे मानुसों का काम भी तो कैसे सधता? दाता की दान-दया कैसे जागती? फिर तो बापुड़े नरक में ही नहीं रह जाते। फिर क्या था, नज्जो को अपनी भूख-बेबसी के दिन टूटते लगे और उसने जतन कर उस घीसू-घटक को मना ही तो लिया अपने पीछे घिसट-चलने को, भीख मंगत के लिए। ऊपर से अपनापन जता, अपने भीख के कटोरे के दोनों बाजू छेदकर मोटा धागा पिरो डाल ही तो दिया उसके गले में और 'जै बजरंग' के कंठ घुमड़े बोल के साथ निकल ही तो पड़ी उसके साथ मंगत-धंधे पर। हो-हो, खों-खों करके तांतिये-तिनके घीसू के आगे मजीरे टनकाती, चेहरे पर दीन-दुःख का भाव जगाती तड़के से ले दोपहर तक हाट-बाजार डोलती ही तो रही, धरम धारे

लोग-लुगाइयों के मन-माथे दया-धरम जगाती, जब भी कोई सिक्का घीसू के सकोरे में बजता वह मजीरे जोर से टकराकर; गिनती आगे बढ़ाती। एकी-बेकी करके जब उसकी गिनती बीस तक पहुंची तो वह हुलस गई, उसने अपने चेहरे पर उभरी अनदेखी हुलास रेख को हाथों से मिटाया और बीस पार फिर एक से गिनती शुरू कर दी।

सूरज-किरन कपाल पर बोझ बन चुभने लगी तो उसने सड़क की एक बाजू खड़े पीपल के पेड़ के छायादार घेर के एक कोने में घीसू को ला टिकाया और मंदिर चौक के कोने पर चढ़ी टंकी के ठंडे पानी से भरे अपने सकोरे को घीसू के होंठों से लगा उसके माथे पर ममता का हाथ फेर खुद सिता गई। फिर घीसू के गले में पड़े भीख-सकोरे को अपनी झोली में औंधाकर पीठ फेर सिक्के गिनने लगी। घीसू खों-खों के साथ घिसटकर उससे सटकर बैठ गया तो बोली, ''धीर रख, बस अभी लाई खाने को, ऊपर से 'चा-पानी' भी।'' घीसू मुंह सिकोड़ गाल ऊपर चढ़ा अपना 'राजीपा' जता गया।

सांझ घिरे नज्जो-घीसू टोले को लौटे तो उनका अघाया, असापूरमन, संगी मांगखोरों से छिपा न रहा। चार चींचड़ की जननी रसमी चहकी–

''तो नज्जो माई; अकेली चाट-चटा आई घीसू घसीट की कमाई? या अपनी इस मुंहबोली बेटी के हेत भी कुछ लाई?''

''क्या ले आई मैं! भैरुजी की भभूत। उड़ गया लोगों का दया-धरम तो। जहां जा टेरो वहीं बना-बनाया बोल–आगे बढ़ो छुट्टे नहीं।''

''अब बने तो मत माई। आंखें तो तेरी कुछ और ही बतावें।''

''आंखों से तो तू बोलती रही। देख न ले एक कांख में, दूजा कोख में, दो पल्ला झाले।''

''अरे तो इन्हीं के लिए कुछ दे दे। कल तक तो बड़ा हेत जता; अपने झोंटे से जुएं बिनवाती रही मुझजनी से, आज क्या इस घीसू-घटक को गोद रख लिया।''

''यही समझ।'' इतना कहकर नज्जो ने घीसू के सिर पर लाड़ का हाथ रख दिया।

मंगतों, उच्चक-उठंगों के ठीये-ठिकाने में कौन अपना, कौन पराया? सब अपने और सब बेगाने। बस जंगली-जंगल राज। बेजोर तो मरा वहां और बरजोर के दो हिस्से। लाज-लिहाज का भी वहां क्या काम। सिर ढांपने, बदन छिपाने की कोई जुगत जो नहीं। आंख की शरम रही तो रही, ना रही तो पड़े हैं; नर-नार

सटे-चिपके, पग ऊपर तक आई धोती-साड़ी में सिमटे। मुंह फेर ले जिसे लाज लगे। पर भूख तो सभी को लगे ना। फिर भी उनके चाव-चटके न्यार; उनका पहनना-खाना अचरज। चोली चीर है लाज लटकाए। मरद की निकर-चड्डी चर्र-चूं है तो है। बाल-टाबर नंग-धड़ंग रहें तो रहें पर 'बीड़ी-चा' तो होनी ही है। ऊपर से दारू-तमाखू के जतन। पोस्त के डोडे मरद की जेब में या फिर लुगाई के पल्लू में बंधे तो जिया जुड़े और ऊपर से कहीं मांस-मीट की छांटन-छिछड़े जो कच्चे-पक्के रंधकर सामने आ जाएं तो बस, बैकुंठ न लें इनके बदल।

उस दातार की दया-करुना। सिरजनहार का लाख सदका-सहारा कि घीसू ने नज्जो का हाथ थामा तो उसके बुढ़ापे को आसरा मिला। चार दिन जो टेमसर चा-पानी और रोटी-बटका मिला कि नज्जो के माथे पर उजियारा और बोल में खनक जाग गई तो मंगत-टोले के ठाले-ठलुए और करमहीन निखट्टुओं के कान खड़े हो गए। उन्होंने घीसू-घसीट की मंगत कमाई की बरकत को जांचा-तोला और आगे दिन उगते ही खींचतान होने लगी, उसे अपने संग मंगत पर ले जाने की। एक उसे पुचकारता-दुलारता कहता—तुझे दाल-भात खिलाऊंगा ऊपर से पोस्त-पानी। तो दूजा उसे लाड़ करता—कलेजी-कोरमे दिखाता। तीजा उसे खाने के और चा-पानी के ऊपर सनीमा दिखाने का कोल करता। टूंटली 'दामली' भी आई और बोली, "तो चल मेरे संग चल, मैं तुझे अपना राजा बनाकर रखूंगी। तेरे हेत सब करूंगी...सब। करेगा ना मेरे संग मंगत?" अब नज्जो से न रहा गया और गरज-तरजकर सामने आई—

"सोने का अंडा उठाने सब आ गए हरामी आज! अरे पूछूं तब कहां थे जब ये ल्हास बना कादे में पड़ा था? आज हमने इसे साफ-सुफला कर दो पैसे जोग कर दिया तो जगत आन जुड़ा इस बिना रीढ़ के लौंडे की भीख हथियाने।"

"अरे; तनि पानी-पिसाब से निबटा दिया इसे तो मालिक बन गई इस लोथ की? मन होगा उसी के साथ निकलेगा ये घीसू मंगत पर...तू कौन हुई उसकी?"

"मैं इसकी मां और ये मेरा बेट्टा।"

"जनी-न ब्याही, सुआ रोग में आई। चल परे हट भी नज्जो नदीदी।"

धमकदार बोल में जबरा आ गरजा। 'जबरा' 'मंगत टोले' का आगेवान। डील-डौल से ड्योढ़ा होकर भी आधा आदमी था। एक पैर छोटा, पिंडली तक; दूजा बड़ा और गंठला। एक हाथ उसका सही तो दूसरा कोहनी तक ठूंठा। एक आंख नापेद तो दूसरी आधी बंद, पर चमकदार और खाऊ। वह एक मोटे लठ के सहारे कूद-कूदकर चलता था। लठ की गांठ ऊपर फंदी-रुकी छोटी पटिया

पर टिकाकर टीले के भूखे-भीरु, नशेड़ी लत-खोरे छोरा-छोरी, डींगे-हरामखोरों को हांकता था। सभी उसकी दबक में थे। उसका लगाव-जुड़ाव किसी से था तो खुद से। वह कहता, ''जब उस अजाने-अनदेखे पत्थर में पैठे देव-भगवान ने मुझे आधा आदमी बनाकर जनम दिया तो मैं किसी दूसरे को क्यों पूरा देखूं-रखूं। सबकी खंडत करूंगा। सबको तोड़ूंगा-बखेरूंगा।'' और जबरे ने नज्जो के आसरे को छीन उसे तोड़-बिखेर ही तो दिया। उसने एक दबक दिखाकर सभी को वहां से भगा दिया और उखड़कर हुंकारा, ''चल बे घीसू मेरे पीछे, मेरे संग मंगत पे।'' उसने घीसू की लार सनी ठोड़ी को दो झटके देकर अपने पीछे कर दिया और नज्जो के हाथ से सकोरा झटककर उसके गले में डाल दिया। पर घीसू टस-से-मस न हुआ। वह खों-खों करता नज्जो की बाजू ढुलका तो जबरे ने उसे धबीक दिया। घीसू फिर भी न डिगा तो जबरे ने लठ से उसे कौंच ही तो दिया। अब तो घीसू औंधा पसरकर धरती से चिपक गया। जबरे को ताव चढ़ा और वह हत्थे से उखड़कर बोला नज्जो से, ''ओय चम्मड़ बूढ़ी-बड़ियारी समझा दे अपने इस सगे को...नहीं तो कुट्टी कर दूंगा इसकी और झुग्गी-बांस बखेर दूंगा तेरा, तो फिर छिपाना अपना सिर इसी मुर्दार के पग-तलुए में।''

''पर बेटा।'' नज्जो कुछ और कहती उसके पहले ही जबरे ने तोड़ दिया।

''बेटा मैं किसी का नहीं। बाप हूं सबका या फिर यार। तू बूढ़ी है इसीलिए...कर दे इस हिलहिल टिलटिल ल्हास को हमारे पीछे। नहीं करूं छोरों को छू और बिखरवा दूं तेरा डेरा।'' नज्जो ने सुना और गहरी सांस भरकर घीसू के माथे पर हाथ धर बोली, ''चला भी जा घीसू। जबरे को जोर चढ़ा है। वैसे है ता अपना हितालु...जा दो-एक दिन इसके साथ भी चला जा। ये तुझे खूब खिलाएगा-पिलाएगा। जा, मेरे सयाने जा।''

घीसू ने सुना। पहले गुर्राया फिर ठंडा हो गया। अब आगे जबरा और पीछे घीसू।

मंगत टोले से बाहर निकल भले मानुस जन की बस्ती में पग धरते ही जबरे ने तो दीन-दारुन भाव ओढ़ा और अंटी में खुसे मजीरे निकालकर टनका दिए पर घीसू चुप, एकदम चुप। एक-दो ही नहीं कई-कई दानी-दातार जैसे लोग-लुगाई उसके आजू-बाजू से गुजर गए, पर उसने भीख के लिए एक बार भी चिरौरी चाह नहीं की। जबरे ने चेंटकर कहा भी कि वह आते-जाते का ध्यान बंटाने के लिए, खें-खें-खों-खों जो करता आया है, वह तो करे, पर घीसू चुप रहा। उसके पीछे बिना बोल घिसटता गया।

"माई-बाप दया करो...लूले-लंगड़े...अपाहिज को दस-बीस पैसे कुछ तो...दया करो।"

जबरा भीख-गुहार करता चला तो एक ने दस पैसे का सिक्का सकोरे में डाल दिया।

"घीसे! सांप सूंघ गिया तुझे के...करे ना कुछ तो गुहार।"

जबरे ने उसे फिर डांटा। पर वह चुप। अब तो उसे ताव आ गया और उसने इधर-उधर देख दो थप्पड़ जमा दिए उसके तो घीसू बिफरा और हों-हों...खों-खों करता गुर्राया। उसे टूटा-बिखरा जानकर एक दाता को दया उपजी और उसने कुछ लेने-देने के लिए खीसे में हाथ डाला कि तभी घीसू उसकी तरफ लपका और थूक उड़ाकर उसका मुंह चिढ़ा दिया। यह सब देख दातार उसे दुरदुराकर बिना कुछ सकोरे में डाले उसके सामने से टल गया। जबरे की समझ डोल गई। वह चकराया-आखिर इस बौड़म तांतिये घीसे को हुआ तो आखिर क्या? वह यही सोचता आगे बढ़ा। उसने आते-जाते भले मानुस जनों को घीसू की दीनता-हीनता का वास्ता देकर फिर भीख-टेर लगाई। पर घीसू फिर चुप। दस बजने को आए और दस पैसे की कमाई। जबरा सोचकर झल्लाया-कुरलाया, चाहा कि धबीक दे इस घीसू-घास को...मार-झटक दे उसे, पर भरे बाजार में जो उसने ऐसा किया तो दयालु भीड़ आ जुटेगी और वह 'गाय-मारा' बना दिया जाएगा अभी, यही सोचकर वह सबर कर गया। उसने फिर टेर लगाई, "दे दाता के नाम भूखे अपाहिज को।" एक कोई बड़भाग आगे आया तो घीसू खोखियाए कुत्ते की ढब गुर्राया ही नहीं मुंह बिचकाकर थूक भी दिया।

"अरे! धतूरा खा गया क्या रे? तेरे बाप देने आए तो उन्हें खाने क्यूं दौड़े? खुद भूखों मरेगा और मुझे भी मारेगा आज? टोले में होता तो वह खबर लेता कि..." जबरे ने कोप दबाते हुए कहा, पर घीसू तो चिकना घड़ा।

अब जबरे को चा-बीड़ी की तलब हो आई। उसने घीसू को सड़क से परे कर टिकाया और सामने वाले खोखे के आगे जा बैठा। अंटी में से पैसे निकाले और चाय लेकर पीने लगा। 'हरामी निकला जे घीसू। 'चा' तक के पैसे नी पटे...दाता लोगों को मुंह बिचकाए...उन्हें खाने दौड़े तो देंगे इसकी मां के यार? पड़ा रहने दे तुस-तुखम को। 'चा' तो क्या पानी की बूंद नी टपकाने वाला मैं इसके गले में। भूख-प्यास घुसेगी इसकी पेट-पसली में तो आप ठिकाने आ जाएगा।' जबरे ने सोचा और घीसू के गले में पड़े सकोरे से दस पैसे उठा दो बीड़ियां और ले लीं। एक बीड़ी सुलगाकर होंठों में दबाई और दूसरी माथे पर बंधे गमछे में ओट

ली। उसे एक सुट्टा तक न लगवाया और वहीं धकेलकर थूक दिया उस पर और चल दिया उसे वहीं छोड़ अकेला। घीसू अपने छिले, खून छलछला आए कुहनी-घुटनों पर तरस खाता पहले तो बिलबिलाकर रह गया और फिर अपने लिए मंगत करने लगा।

घीसू अकेला मंगत टोले पहुंचा तो सुहागिन सांझ; बेवा रात का काला चोला ओढ़ ऊंघने लगी थी। अपने ठौर के पास हो-हो, खों-खों सुन नज्जो बाहर आई। उसे हारा-हिरसाया देखा तो बोली, "चल, भीतर चल। कुछ खिलाया-पिलाया भी उस जुलमी जबरे ने?" जबरे का नाम सुनकर घीसू घो-घो...खों-खों करता खोखियाया। पर न भीतर आया और न नज्जो की तरफ देखा। बस खों-खों करता रहा। गर्दन डुला-डुलाकर पेट दिखाता रहा। नज्जो ने उसकी पीर समझी। "मेरा क्या जोर उस जबरे पर। चल आ भी जा...कल चलेंगे साथ मंगत पर।" पर घीसू कब मानने वाला था। घुटने-कोहनी से रिसते खून को दिखाकर वह बकरे की नाईं भेंटी मारने को लपका। नज्जो जो न टलती तो वह उसे मार ही तो गेरता। अब नज्जो को भी बुरा लगा। बोली, "मरे तिनके! जा नापेद हो यहां से। समझे न बूझे कुछ, बस सुअर थूथनी से गुर्र-गुर्र करे जावे है। तेरे हेत जबरे से बैर बांधूंगी भला।"

घीसू गुर्र-गुर्र कर गुर्राता हुआ पूरे टोले में डोलता रहा। उसे किसी ने नहीं पूछा तो आखिर वह थककर पड़ गया। भोर जाग होने पर भी किसी ने उसकी टोह न ली। पहले तो घीसू खुद बौखलाया हुआ था, फिर जबरे के जोर-जुलम की दहल! किसकी जनती ने सेर सोंठ खाई थी जो उसके पास आता। सांझ ढले और फिर रात तक भूखा-प्यासा वह टोले की इस झुग्गी से उस झुग्गी तक घिसटता रहा। अगली भोर टोले के मोटियार-होशियार तो मंगत रोजगार पर निकल गए, पीछे रहे नंग-धड़ंग छोरे-छोरियों ने अपने ठीकरा-ठीकरी में बचे-खुचे दाल-भात को मिमियाते घीसू के मुंह में ठूंस ऊपर से दो घूंट पानी उसके गले में औंधा दिया। अब उसमें सकत-सूझ जागी तो वह अकेला ही घिसटता हुआ टोले से बाहर निकला। पर अकेले उससे कुछ भी तो न सधता। भीख के सकोरे में पड़े रोटी के टुकड़े को भी वह बड़ा जीवट तोलकर ही मुंह में ले पाता। सकोरे को कोहनी-ठोढ़ी से धकेल पहले वह उसे घुटनों के बीच लाकर दबाता और फिर बकरे की ढब उसमें मुंह मारता। सकोरे में पड़े पैसे-सिक्के भी उसके किस काम के? कोई सीधा-सादा मजूर-मानस या दयादार छोरा-छाबरा मिलता तो पैसा-टका बटोर उसके डील पर पड़े बेनाप कुर्ते-कमीज की जेब में डाल देता।

चाय-पानी या फिर खाने का कुछ उसके सकोरे में ला डालता और फिर घीसू उसे गड़पने के लिए कसरत करने लगता। कोई भला भिखारी मिलता तो उसे हाथ से खिला-पिला भी देता। कोई सहारा-साथ उसे चाहिए ही। अकेला तो वह मरे बराबर था।

रात सरदा गई थी और टोले के वासी झुग्गी-तप्पड़ की ओट हो चिथड़े-गूदड़ों में दुबके पड़े थे। पर घीसू के पास यह सब सरजाम कहां। और कौन जो उसकी टोह ले। नज्जो थी तो जूड़ी-ताप में आ अपने ठौर पर थरथरा रही थी। घीसू इधर-उधर सरकता रेंगता कुत्ते के पिल्ले की तरह चों-चों कों-कों या फिर गंडक की गुरगुराहट करता रहा। वह खिसकता-रड़खता टोले के परले छोर पर खड़ी बंधी बछिया-सी झुग्गी से जा लगा और कीं-कीं सी-सी करता कुरलाने लगा। तभी झुग्गी की रोक परे कर दामली बरामद हुई।

दामली चौदह की कच्ची उमर में चौबीस की पकी लुगाई बनी; इस-उस मुर्दुए-टहलुए के हाथों खर्च होती खटती रही। जाने कौन रही वह। उसने किस कोख में आंख खोली। उसे कहां भान? जानने जैसी हुई तो उसने जाना यह रेल है और वह भीखन की भूखी भिखारिन बेटी दामली। फिर उसने एक दिन अपनी माई को चलती रेल से फिसलते-कटते देखा और वह बेपहिए की गाड़ी हो गई। मंगते मतमारे उठंग-उचक्कों ने उससे क्या तो नहीं करवाया। उसके साथ क्या तो नहीं किया। और यूं उसने अपने डील पर अंकुराए उभार देखे। दबाया, नोचा उन्हें लोगों ने पर अधबूढ़े जबरे ने तो रेल-पेलकर और बांध-बींध ही तो दिया। साथ के भुक्खड़-भिक्खुओं ने चीं-चपड़ की तो उसने ठर्रे का घूंट गुटका उन्हें चुप्पा कर दिया। अब जबरा जब-तब उसे कुछ देता-दिलाता और बिछा लेता। फिर जो जवान डींग जागे तो जबरे ने धंधे चढ़ा दिया उसे। अब दामली दुकान बन गई। चीज-बसत उसकी, कच्ची देह की पक्की मजूरी से उसके डील में सूले चुभने लगे। किसने उसकी पीर जानी! चढ़ने वाले चढ़ते गए। वह डूबती-उतराती रही। उसके डील की उठान बालपन में जहां थी, उठती उमर में भी वहीं रह गई। बेरी की बुढ़िया रूंखड़ी सी दो बेर छाती से चिपकाए निहंग खड़ी रह गई। मुरझाकर रीत-बीत गई तो अब कौन था जो उससे झड़ता-उसे झाड़ता। जबरे की आंख में उसका चटाचटाया चोला आया तो उसने भी आंख फेर ली पर इतनी महर-मरजी रखी कि उसके आपे की ओट को नहीं उजाड़ा। उसने उसे एक झुग्गी दे दी। अब वह फकत मंगती और भिखारिन थी। डाल से टूटी पत्तो-झड़ी सूखी-लक्कड़ टहनी। पीली जर्दा थी धूल-पसीना पुती, ठूंठ-ठहरी

ठोढ़ी पर रुआं नहीं। देह पर पिचके दो छिछड़े और कपाल पर काली कुतिया की पूंछ-से बाल झींतरे। बस इसके नार होने के यही लक्खन। नहीं तो मांदे-मुरदार मरद छोकरे-सी ही तो रह गई वह।

"तांतिए क्यूं तोड़े अपना तिनका तन-बदन, घसीट-घसीट के। पड़ क्यूं नी जावे कहीं," दामली ने घीसू को अपने पास घुमड़ा देखा तो बोली। "ले जो गया था वो जनमजला जबरा तुझे अपने साथ। खिलाया-पिलाया भी उस जुल्मी ने तुझे कुछ या फिर..." दामली और कुछ कहती कि घीसू ने घुरघुराकर नाड़ डाल दी और सरदी से कंपकंपाने लगा। दामली को जाड़े जमी वह रात याद हो आई जब वह घीसू की तरह जबरे की झुग्गी के आगे खड़ी थरथरा रही थी। उसने घीसू की सिसकन में अपनी सिसकन-सांसत देखी और उसे अपनी झुग्गी के भीतर ले लिया। फिर उसे गूदड़ से ढांप अपने से सटा लिया। घीसू की देह-डील निपट आधी-अधूरी पर उसमें खोट-पाप कहां। उसने दया मांगी और वही पाकर मगन हो गया। 'तब मैंने उस 'जतन' को भी यूं ही ठंड में गलते झुग्गी ओट लिया था और वह गरमास पाते ही कैसे खेलने लगा था मेरे अंग-अंग से...और यह घीसू जैसे अजान बछड़ा। उस कसाई-करमी जबरे को सुभू ही संभालूंगी। ले लूंगी इस घीसू को अपनी मंगत में। वो मरा 'आप-बाप' रुपा-डेढ़ रुपा 'खेंच' ही तो लेगा हमारी मंगत-मजूरी से।' दामली ने सोचकर गांठ बांधी और घीसू के उघड़े डील को गूदड़ से ढांप निदियारी हो गई।

"ओय-होय! तो अब दामली-दोगली! तू लग्गा लगा बैठी उस घीसू घामड़ से...पूछा भी है उस जबरे जंगी से?"

दूसरे दिन घीसू को अपने साथ मंगत पर ले जाते हुए दामली को देखा तो चेंट ही तो गए भिक्खू लोग-लुगाई।

"अरे! तुम कौन इस घीसू के हितालु-मीतालु और उस जबरे के जाए; वो जाने या मैं। फिर मन-मरजी इस घीसू की जिसके साथ जावे-रहवे।" इतना बोल दामली ठसका दिखा आगे बढ़ गई।

घीसू ने दामली को अपने पर जो ढरका देखा तो सीधा-समझू हो गया। फिर मंगत-मजूरी से जो उसने खिलाया-पिलाया उसे भांपकर तो दामली पर रीझ ही तो गया। फिर कौन कसर छोड़ी उसने दाता-दयालु जनों को लुभाने में। जहां उसने 'दाता' को देखा नहीं कि धरती पर मत्था टेक अपने डंठल से बाजू कुहनियों को ऊपर उछाल ऐसी दया उपजाऊ चिरौरी चमकाता कि सामने वाला पिघलकर कुछ न कुछ देने को बेबस क्यों न हो जाए। कौड़ी-सी टेढ़ी-तिरछी

पनियल आंखों में बेबसी-बेचारगी लाकर वह अपना टूंटिया हाथ माथे के आगे ले जाकर ऐसी अबोली गुहार करता कि राहगीर उसकी तरफ निगाह किए बिना आगे न बढ़ पाता। और जहां किसी ने उसे नजर भर देखा नहीं कि वह दामली के मजीरों के बोल की धुन पर बिलबिलाकर मुंह में कौर न जाने का सांग धर अपना धंसा पेट उसे दिखा देता। यूं करते हुए उसके सकोरे में टना-टन होने लगती और दोपहर तक पेट-भराऊ कमाई हो जाती, ऊपर से कुछ पल्ले भी बंध जाता दामली के।

दामली उस पर वारी जाती। उसके घुटनों और हाथ के पंजों पर लिपटे चिथड़ों को ठीक करती। चमड़ी छिल जाती तो वहां थूक लगा फूंक मारती कहती, ''मेरे राजा की कमाई में ऐसी बरकत बसी रहे तो वो दिन दूर नहीं, जब बॉल-बेरिंग की पहिया गाड़ी खींचेगी दामली और दाम कमाएंगे घीसू सेठ।'' दामली ने गरमा-गरम गाजर का हलवा तुलवाया और लाड़-लड़ी होकर उसके मुंह में कौर देती बोली, ''राजा अब थूंक दे जबरे पे...रुपे-दो रुपे का टुकड़ा उसे खेरात कर देंगे तो सदका निकलेगा तेरा; फिर कमाई में बरकत होगी।'' और हुआ भी यही। आगे अच्छी भीख मिलने लगी तो दामली ने पुराने बॉल-बियरिंग जुटा एक गाड़ी का जुगाड़ कर ही तो लिया। पहले दिन जब घीसू को गाड़ी में घाल दामली भीख को निकली तो बासे के भिक्खू भाइयों-बाइयों ने हाथ नचा ऐसा-वैसा न जाने क्या-क्या कहा-कुरेदा; पर दामली ने कान न धरा। गाड़ी खींचने से उसकी बांह-बाजू पिराने-दुखने लगे, पर घीसू को मौज आ गई। अब तो उसने अपने आपको जैसे दामली के आंचल-झोली में ही डाल दिया और रात घिरे अपनी झुग्गी में दामली ने, उसे अपना पति-भरतार मान-जानकर जो मान मनौती, देवता के आगे की उससे तो घीसू नवा जनम पा गया। कुछ न समझकर भी वह बहुत कुछ समझ गया।

''मां पारबती की सों-भोले भगवान् की आन-आज से तू घीसू मेरा सुहाग, मैं तेरी सुहागिन।'' दामली ने हथेली माप की शिव-पार्वती की, झुग्गी बांस में अटकी, फोटो के सामने घीसू के बाएं बाजू बैठ आंख बंद करके उच्चारा और उसके ठूंठ हाथ पर सिंदूर रख अपनी मांग से छुआ दिया। फिर घीसू के लूले पैरों में माथा डाल उसकी चरन-धूल माथे पर धार ली।

घीसू ने दो-एक बार एक दुकान के भीतर सड़क से आंख जमाकर ऐसा ही चलता-फिरता फोटू देखा था। वह ठुमक हुलसा गया।

''मैं तुझे अपने हिए से जुड़ाकर रखूंगी।'' दामली के बोल थे।

"खों।" घीसू की हामी थी।

"मैं तुझे राजा बनाऊंगी।"

"खों-खों-खां।"

"मैं तेरी रानी बनूंगी।"

"खीं-खीं-खीं।"

"मैं तुझे अपने हाथों नहलाऊंगी-खिलाऊंगी।"

"बो...बो...बा...।"

"मेरे साथ सोवेगा...मैं तुझे अपने अंग लगाऊंगी।"

"खूं...हूं...हां।" करके घीसू हुलसकर दामली की बाजू ढुल गया।

"रोजीना चलेगा ना मेरे साथ मंगत पर?"

इतना कहकर दामली ने उसे अपनी देह से सटाकर उसका 'अंग' सहला दिया। और ढिबरी को ठंडा कर लेट गई।

अब दामली सुहागन थी और घीसू उसका सुहाग। उसकी धूसर-छितरी मांग में सिंदूर और बालों में उलझे लाल रिबिन को लख टोले की मंगतियों ने मार की:

"वो री सिंदूरी सुहागन! कौन तेरा भरतार?" एक ने तीर ताना।

"अंधी! बैठा जो है जीता-जागता गाड़ी में तेरा यार।" दामली ने पलटकर वार किया।

"ओह हो, तो इस तिनके-तुस नाम के मरद, पर धारा है जे सुहागन-सांग।"

"जलन होवे तुझे; तो तू भी बन जा मेरी सौत।" दामली की बात सुनी तो घीसू भी खों-खों कर भोंड़ी हंसी हंस गया।

"अरी, चल भी, है कुछ जोर इस घीसू-घसीट की कमर में।" एक ने तान कसा तो दूजी ने तीर ताना।

"अरे, इस दामली ने तो कमर नहीं कमाई देखी। ठीक भी है हंसुली पालो या फंसली।"

"पे तुम जनमजलियों के पास तो न हंसुली और न फंसली। रात-दिन कुटती-पिटती रहो नसेड़ी मरद-मरदूदों से।" दामली ने भी तोड़ दिया और फिर गाड़ी खींचती आगे बढ़ गई। आज तालाब की पाल पर 'हरियाली-अमावस' का मेला जुड़ना था। वह उधर ही चल पड़ी। भोर के भागते ही रिमझिम फुहार से मौसम भीग गया। आसपास के पर्वत-पालियों से आए भील-भीलनियों के चीर-लहंगे भीग गए। पर वे गाते-मल्हाते, रंगराते, जैसे जिंदगानी के जंजाल

बिसार, मेले के ठौर उमड़ पड़े। दिन-दोपहर तो घीसू ने मंगत की पर आगे वह एकदम चुप हो गया। फिर खिल-खिल करता अपने टेढ़े-भोंड़े दांत दिखा हरख में भर गाड़ी को महकती खांड-रोटी की हाट की तरफ हूल दिया। दामली ने उसका मन जाना और उसकी गाड़ी में दोना भर रबड़ी-पुए ला धरे। उसे खूब जतन से खिलाया-पिलाया और फिर दौड़कर एक गुब्बारा ला उसकी गाड़ी के आगे रुपी कील में खोंस दिया।

सांझ घिरे घीसू की गाड़ी खींचती जब वह टोले में घुसी तो सामने जबरा आन खड़ा हुआ। घीसू-दामली के होंठों पर पान की लाली और हिए में भरा हरख भांपकर बोला, "तो, मजे मार रही आजकल इस लुंजे-पुंजे के संग। मेले को गई थी। कुछ 'याराना' भी लाई या उड़ा आई सब इस मुरदार के संग?"

"तेरी 'खेंच' तुझे मिलेगी। मरे क्यूं, सबर कर!" दामली ने बोल फेरा।

"वो तो लूंगा पर 'खज' भी करूंगा। आज तेरी सिंदूर-पान बसी भली लग रही फिर आज सज्जो-गुणवंती दोनों लुगाई रोग रंगी। मौसम की मार देखी है। बस घिरती रात आवेंगे।" दामली ने सुना और घीसू की तरफ देखा। उसने गाड़ी में ही एक उठंग भरी और सामने उड़ते गुब्बारे पर माथा मारने लगा। गुर्र-गुर्र करता दांत भींचता वह बिखरा और घुटने गाड़ी से बाहर निकाल जो घसीट मारी तो दामली के हाथ से रस्सी छूट गई। दामली ने मिमियाकर जबरे से कहा–"अब तू मुझे फरागती दे, चार-पांच रुपये ऊपर से ले ले और किसी दूजी से 'खाज-खज' कर ले...देखा कैसा बिफरा है घीसू।"

"घीसू से घाल-मेल और हमें पानी-तेल।" जबरा होंठ गोल कर बोला।

"घालमेल नहीं घर बसाया है मैंने, घीसू संग।"

"घर बसाना। वो भी घीसू-घसीट संग? बौराई है। चली आना हमारे ठीए हमारे रंग...नी तो इस घीसू घास के सामने ही बिछा छोड़ूंगा तुझे, नहीं समझी।" जबरे ने दारू-खाटिए की खट्टी डकार ली और वहां से चल दिया। मेले से कीमा-कबाब और फिर ठेके से अद्धा दारू मोल लेने से ही दामली को जो नशा चढ़ा था, वह हिरन हो गया। उसने बिचारा था आज पहली बार वह पिएगी-पिलाएगी घीसू को और फिर उससे अंग-रंग कर बिसार देगी अपने बीते कड़ुए दिनों को। अब आगे तो मीठे-मनहरते दिन जो हैं पर वह घीसू के तेवर देखकर ही दहल गई। फिर भी हिम्मत बांधी और जबरे को झींकती-कोसती गाड़ी की डोरी पकड़ खींच चली घीसू को, अपनी झुग्गी की ओर।

घीसू को झुग्गी में पधराकर दामली ने उसके पीठ-पैर सहलाए। प्याली पानी

सामने धर नान-कबाब का पुड़ा खोल दिया और डाट हटा दारू का अद्धा रोप दिया। खुद ने एक कौर लिया तो उसे दो कौर दिए। और यों उसे अघाकर प्यार पुचकार दिया। फिर निछावर होती हुई अद्धा उसके मुंह को बढ़ा चली। तभी घीसू ने अपनी थूंथ से ऐसा झटकारा दिया कि अद्धा दो हाथ दूर छिटककर आधा हो गया। दामली ने झपटकर उसे उठाया और डाट बंद कर अपनी चोली में धर लिया। घीसू की दारू-दूर दबक उसे बुरी लगी। पर वह गुस्सा पी गई। उसे अब जबरे का जोर याद आया–"कहीं यहां जो आ धमका तो? उसने घीसू के सामने मेरे चोली-चीर में हाथ डाल दिया तो? नया, अजूबा, तो कौन! पर घीसू ताव खा गया तो?" उसके सोच में 'तो' के तोते टांय-टांय करने लगे और उसे कंपकंपी छूट गई। उसने ढिबरी फूंक अंधेरा किया और घीसू को बांहों में भर लेट गई। पर आंखों में नींद कहां? आधा-पौना अद्धा और ऊपर से पांच-दस हथेली पर टिकाऊं तो सायत के जबरा मान जाय।" दामली को अपनी सूझ से हिम्मत बंधी। झुग्गी के झरते टाट-टप्पर से ही पता लगता था कि बाहर छम-छम बूंदा-बांदी हो रही है। यह सोचकर वह उठने को हुई कि घीसू कुलबुलाया। पर जबरे के जुल्म का गुमान कर वह उठी और "आई अभी दिसा-मैदान कर"–कहती झुग्गी से बाहर हो गई। घीसू ने जबरे-दामली की घिसघिस को तभी भांप लिया था। तब से ही उसका जी उचाट और मन बेमन था। भर-पेट खाने की खुनकी उसमें थी, पर बंद पलक-आंखों में जाग भरी थी। जब दामली बेटेम 'दिसा-मैदान' कह गई तो घुटनों के बल कोहनी टिकाता वह बाहर निकल आया। लुगाइयों के पानी-पेशाब के लिए बैठने के ठिकाने तक वह जा आया, पर दामली वहां कहां? फिर तो घायल नाग की ढब फूत्कार करता वह जबरे की झुग्गी की तरफ तेजी से घिसटने लगा।

ठंड-ठिठुरी भरी अंधियारी रात और कीचड़-कांदो से सना बिफरा-बौराया घीसू जा ठहरा जबरे के ठौर। और फिर उसने पगलाए हाथी का बल अपने माथे में भर जो भेंटी मारी तो सब चौपट। उसके सामने था दामली का उघड़ा आपा, जबरे का नंगा डील। जबरा अचकचाया और दामली आंचल-चीर संभाल अपने को ढांपने-ढकने को हुई कि घीसू गरज-तरजकर उसकी छाती पर जा बैठा। फिर तो कांख-फंसली में अपनी घुटने-कोहनी मार-मारकर दामली को निढाल ही तो कर दिया उसने। जबरा अपने कपड़े संभाल जोर दिखाता उससे पहले ही घीसू ने दामली के कपाल पर अपना माथा पटक-पटककर लहू काढ़ दिया। दांतों से काट-काटकर उसके अंगों को लहू-लोहान कर दिया। फिर खों-खों, भों-भों

करता झुग्गी के बांसों से टकराने लगा। जबरा चेतकर खड़ा हुआ तब तक घीसू ने घमासान रच दिया। तभी टोले के निंदियाए लोग-लुगाई वहां आ जुड़े। जबरे की झुग्गी में मांदी लालटेन के उदास उजास में नीची-नुची दामली और ढीले ढरके जबरे के आगे चढ़ाई चढ़े घीसू को देख 'अनदेखा' सब लोगों के सामने आ गया।

"जे क्या झमेला रे भाई!"

"बरसती रात और बम, बम!"

"क्या तो करे रे घीसू?" नज्जो ने अचरज में आ पूछा।

"खों-खों, घों-घुर्र।" घीसू ने गुर्राकर अपना कोप जतलाया और दांत किटकिटाने लगा।

"अब इस घों-घों, खों-खों से क्या तो समझे कोई?" दूजे बुढ़ाऊ ने कहा।

"तू बोल री दामली, कौन सांसत तोली तू ने इस पे?"

"मैं...कुछ भी तो नी...मैं जबरे को भीख की 'खींच' देने आई थी।" उसने अपने लीर-लीर हुए चीर से अपने को ढांपते हुए कहा।

"अरे तो जे गूंगा-गणेस और अपाहिज-अजान बेबात तो नी बौराया। जो हुआ वो बता।" एक सयानी ने बूझा तो सभी ने हां में हां मिलाई।

"बोल भी। देख, हारा-हिरसाया वो बेजीभ का जिनावर तो परे हट चला उधर। उससे पूछे भी तो वो कैसे बतावे...तू बोल। हाथ भर की जीभ तेरे कल्ले में।" नज्जो ने जोर देकर कहा।

"जे जबरा..."

"जबरा क्या कर बैठा?"

"लाज ले बैठा मेरी।" दामली कह गई।

"अरे तो कौन जहाज लुट गया; पहली बार बिछी उसके आगे?"

"ओह हो। तो यूं मंडा महाभारत।" किसी ने कहा।

"अपनी घरवाली की लाज लुटी जान बौराया है ये अधमुआ मरद।" दूजे ने पिन्नक में बोल तोले।

"अरे तुम लाज-लुटे लुगाई-कमाई खाने वालों से तो ये मरा मरद चोखा। जिसका हाथ अपनाया उसकी लाज-हया के लिए लठिंगे बरजोर से लड़ा है। बे-हाथ, बे-पैर होकर।"

नज्जो की बात सुनकर लोग-लुगाई तो खिलखिलाकर रह गए, पर दामली अपने भीतर से कहीं डगमगा गई। आज उसे पहली बार भान हुआ कि 'कोई एक

है जो उसकी 'लाज का पहरू' है। उसको अपनी और निपट अपनी जान उसके हेत राड़ रचाए है। उसे ओढ़ने-बिछाने की चीज बसत नहीं, अपनी घरवाली-घरनी जाने-माने है...इसके सुहाग का सिंदूर अपनी मांग में उकेरा मैंने। महादेव-पार्वती की साखी ली। पर उसका मान न रखा मैंने और दारू की दो घूंट में बह-पसर गई बैरी के आगे। रोका-टोका तक नहीं। तनि ताकत कर धकेल परे करती तो ये लक्कड़-टिका लंगड़ कौन लील जाता मुझे? मुझसे तो भला घीसू! चढ़ दौड़ा रावण-राकस पर।' इतने सारे बात-विचार अंधड़ बन घुमड़ गए दामली के माथे में। तभी जबरा चिल्लाया, "हम-तुम चोंच चपचपाते रहे इधर और उधर मेरी झुग्गी में आग डाल दी इस घीसू घामड़ ने। बरखा पानी की नमी जो आज न होती तो सारा टोला राख हो जाता। अब तो इसे मैं नहीं छोडूंगा।" लोग-बाग झुग्गी के सुलगते कोने को बुझाने दौड़े यह कहते हुए, "अरे! कहां से कैसे उठा लाया जे घीसा जलती लकड़ी। हाथ-हत्थड़ तो इसके है नहीं।" "हाथ नहीं तो दांत तो हैं ही। दांतों तले दबा लाया होगा इधर-उधर से जलता-बलता डंठल ठूंठ। पर इस बरखा पानी में आग। अरे, इसने तो जबरे की बलती लालटेन ही औंध ा गेरी वहां।" टोले में आग के फैलने की फिकर से सब चेत गए और आग को जहां का तहां बुझा दिया। पर जबरे के मन-माथे में लगी आग कहां बुझ पाई। "इस घास-तिनके का जे जोम। तिनका लठ से लड़े। जे जोम।" जबरे ने ललकारा और अपने आपको अपने लठ की टेक पर साध घीसू को दोनों हाथों पर साध हवा में उठा दिया और चीखा, "आज मैं इसे जीता नी छोड़ूंगा।"

"वाह रे, जुल्मी! घरनी की लाज लूटी, ऊपर से उसकी जान लेने पर तुला है...अरे, मरद है कोई या बीज उड़ गया...बरजो इस लंगड़ को। मार गेरेगा इसे।"

नज्जो ने ललकारा। पर सब चुप और बेजान।

"जिसकी जनती ने खाई हो सेर सोंठ तो वो आगे आए।" जबरे ने अपने हाथों पर तुले बेबस घीसे को हवा में उछालने को पैर रोपा ही था कि दामली तमककर एकाएक आगे आई। बोली, "सोंठ-गोंद तो मेरी मां ने खाया कहां से होगा, पर दूध तो पिलाया है मुझे। तू छोड़ दे मेरे मरद को नहीं तो...।"

"ओह तू! तिरया मेरी लुंगी की जूं। ले संभाल इस मुरदार को।" नशे में धुत लड़खड़ाते हुए जबरे ने कहा। इसके पहले कि वह घीसू को उछाल फेंकने के लिए हाथों को हवा में झकोरता, दामली ने जबरे के लठ को वो जोर की टक्कर दी कि लठ-पटिए पर सधे उसके डील का समतोल बिगड़ा और वह धसककर जहां का तहां चित हो गया और घीसू उसके हाथों से छिटककर धरती

पर आ टिका। अब तो वह जबरे पर पिल पड़ा और उसे घुटनों-कोहनियों से खूंद-खांद दांतों से उसकी कान-उंगलियां चबाकर उसे लहू-लाल कर दिया। जबरा चीखता-चिल्लाता उसे बरज रहा था, पर घीसू था कि उसकी पेट-पसली में अपने कोहनी-घुटने मारे जा रहा था–यूं उसने उसे मार-कूट के बेदम कर दिया पर सांस न ली। हवा रुक गई थी पर एक तिनका था कि तूफान उठाए चला जा रहा था।

पग-बाधा

नहाए-निखरे उजले बालों को फटकारकर ज्यों ही मैं ड्रेसिंग टेबल के सामने बैठी, शीशे में मेरा नहीं, 'उसका' चेहरा उभर आया। 'उनकी' बांहों में झूलती जीत की बड़ी ट्रॉफी को ऊपर उठाए वह उसकी फोटो–मुझे अपनी पराजय की तसवीर-सी लगी। थोड़ा बाईं ओर सरककर जो फिर मैंने देखा तो अब पूरे शीशे में उसी का चेहरा अटा था। सामने होकर भी मैं शीशे से गायब थी और वह नहीं होकर भी उसमें समाई थी। अपने न होने के अहसास ने मेरे आपे को जगाया। मैंने मुड़कर देखा तो ठीक ड्रेसिंग टेबल की सीध में कमरे की दीवार पर इनकी और उसकी फ्रेममढ़ी बड़ी फोटो लगी थी। मैंने फिर शीशे के करीब हो झुककर देखा, तब भी मुझे अपनी सूरत में भी वही नजर आई। जैसे उससे लड़ते हुए मैंने अपने बालों को झटकारा दिया और मुस्तैदी से बैठ कंघे से मांग काढ़ी। मांग ऊपर से श्यामल और जड़ों से धवल-सफेद, निखरी पर बिखरी, छितराई मांग। चुटकी में मैंने सिंदूर भर मांग आंजने के लिए हाथ ऊपर किया ही था कि लगा विद्रूप हंसी से हहाकर किसी ने मुझे बरज दिया–'किसी के सूने घर-आंगन में अपनी सूनी मांग में सिंदूर और वह भी चालीस के पायदान पर...इतने बरस बरखा कहां रही?' शीशे में फिर कोई मेरा मुंह चिढ़ा गया–'बूढ़े मुंह मुंहासे या बूढ़ी घोड़ी लाल लगाम। जब हुमक-हुलास के दिन थे तब कहां रहा सुहाग-सिंदूर। फूली बेल जेठ-अषाढ़ और झूली झांई पड़ी लतर-लता सुहाग-सावन।' मैंने देखा, मेरी मांग से सिंदूर झर-बिखरकर माथे पर बह रहा है–पसीने के साथ 'बूढ़ी बन्नो' और कोई नहीं, मैं खुद ही बुदबुदा रही थी होंठों ही होंठों में! उठ खड़ी हुई तो निगाह जा टकराई सामने वाली दीवार पर लगी मेरी 'अपनी-इनकी' फोटो से। नई फ्रेम में जड़ी नई फोटो, नए-नए ब्याहे-पोढ़े-पुराने नारी-पुरुष की। नारी-पुरुष। पति-पत्नी। 'इनके' हाथों में फूल और मेरे हाथों में इनका खुला–खूब खेला-खाया हाथ। फोटो से निगाह नोचकर घूमी तो फिर वही तसवीर 'इनकी-उसकी'। उसके

हाथ में जीत की ट्रॉफी और इनके हाथ में वह खुद।

दोनों दीवारों पर टंगी दोनों तसवीरों के बीच जैसे मेरा दम घुटने लगा—

कहां जाऊं...क्या तो करूं...बड़ी बेढब आन पड़ी। कुछ नहीं...कुछ नहीं तो यही सही...और मैंने तिपाई पर चढ़ 'उसकी-इनकी' उस फोटो को उतार भड़ाम से अलमारी के पट खोल उसके भीतर पटक दिया। पट बंद करने को हुई तो आंख एलबम पर जा चढ़ी। माथे पर झूल आई पकी लट को सहेज शीतल मन हो बैठ गई और लगी पन्ने उलटने—इनके पहले लगन-ब्याह की तसवीर लगी थीं। यह घुड़चढ़ी...यह बरात...यह सगे-संबंधियों की भेंट...तोरण मार...द्वाराचार... सालियों-सलहजों की चुहल-चुटकियां...और यह विवाह-मंडप...सप्तपदी... पग-फेरा...मुंह-दिखाई और...और यह सुहाग सेज...बस...बस। कितना हुलास-विलास है री 'कविता' इस कागज में उकरी-उभरी जिंदगी में। मैं खुद ही कट गई। खुद को चुप की बोली से बरजा और फिर पन्ने पलटने लगी। पहलौटी की...गोद गदराने की रस्म...कैसे मिले-खिले हैं 'ये' और सब...और यह पहला बेटा...बड़ी बेटी...छोटा बेटा...फिर छोटी बेटी...उनके खेल-खिलवाड़। लाड़-प्यार और अपने बेटे-बेटियों की मां की आंखों में आंजे 'ये' निहाल-से। ...आगे...आगे...बेटे-बेटी के ब्याह बंधन। फिर उनके बेटे-बेटी के संस्कार-मुंडन...मैंने फट से एलबम बंद किया तो दूसरा एलबम हाथों में सरक पैरों में जा पड़ा। एक नहीं, दो एलबम थे। एक के ऊपर एक। माथे पर चुहचुहा आई पसीने की बूंदों को पल्ले से सोख-सुखाया कि दूसरे हाथ दूसरा एलबम खुल गया। मेरे अपने पग-फेरे की फोटो 'इनके' साथ-'ये' आगे और मैं पीछे। मेरे नयनों में पकी लाज के डरे-सहमे डोरे और 'इनकी' आंखों में चौपट-चौकस शून्य। फिर पन्ना पलटा... खाली-खाली। अगला फिर खाली। भारी-भरकम। पूरे एलबम में एक फोटो। सिर्फ एक फोटो! बाकी तो सारी जिल्द रीते पन्नों की। रीतेपन में बस रेगिस्तान। काला-दर-काला। अंधेरा-दर-अंधेरा। किसी के दीए के बचे तेल में अपनी काया की बाती सहेज मैंने उजालना चाहा था अपना अंधेरा। उगते दिनों के बिसरे-बीते नेह-नाते को जगाने की जुगत-जोड़। इस बसी-बसाई परायों की पराई घर-दुनिया में आ गई थी मैं और आधे बरस के टूटते न टूटते मुझे लगने लगा था जैसे मैं उस जगह आ बैठी हूं, जहां पहले से ही कोई बैठी थी और अभी-अभी वहां से उठकर गई है। अपनी जगह मैं बना नहीं पाई वह ठीक पर अब किसी और के ठौर-ठीए क्यों जा बैठी। बहुत अभी नहीं बीता-घटा...क्यों न आप उठ जाऊं-हट जाऊं वहां से...।

कल कैसा घर भरा-भरा था हुमक-हुंकार से। गर्मियों की छुट्टियां रहते सब आए थे, बेटे-बहू, बेटियां-दामाद और उनके दूध-पूत। कैसे निहाल से फूले-फर्राए खड़े थे 'ये' अपनों और अपने नाती-पोतों से घिरे। इनकी 'वह' होती तब भी यह समां होता कि मुर्गी अपने फाहे-से चूजों के साथ गेंदी-गदराई कूं-कूं कर रही है। पर 'वह' नहीं, मैं थी उसकी ठौर और रंग-रफू के कपड़े पर गैर किस्म की बेरंग थिगली।

मैंने लाख जतन किया कि मैं बनाऊं-खिलाऊं सबको, पर बेटियों-बहुओं ने मीठी मार से यों अलगा दिया जैसे पानी परत पर तेल-बूंद साथ होकर भी अलग-अलग, एकदम अलग।

"बाबूजी को आप रोज अलोना-सलोना खिलाती हैं, आज हमें भी कुछ करने का जस लेने दो।"

"बाबूजी को क्या और कैसा भाता है, कितना और कब चाहिए, मैं जानती हूं। आपका और उनका संग अभी घुटनों भी नहीं चला। मां के बाद मैंने ही तो देखा-भाला है बाबूजी को।" छोटी बेटी ने पास आकर हौले-से मेरे हाथ से करछुल ली और हौले-से मुसकुराकर सटकर खड़ी हो गई तो मुझे किचन से बाहर आना ही पड़ा।

"आप बाहर बैठें आराम से। आज हमें ही करने दें सब।" बड़ी बेटी ने अपने से मुझे बिलगाते हुए कहा। मैंने निरीह आंखों से 'इनकी' तरफ देखा तो ये हो-हो कर बोले, "आज इन्हें ही करने दो फील्डिंग। चलो, हम बैठते हैं पैवेलियन में।"

"पैवेलियन में आप नहीं, आप तो अंपायरिंग कीजिए बाबू जी।" छोटा बेटा किचन में खिली खड़ी 'अपनी' को आंखों में भरकर बोला, "देखें, आज हमारे दही-बड़े बढ़िया बनते हैं या भाभी जी के गुलाबजामुन?"

"भला, दही-बड़े और गुलाबजामुन का क्या मेल?" मैंने सबके रस में रसलीन होने की गरज से कहा।

"यह तो आप बाबूजी से पूछो।" बड़ा बेटा बात में बल भरकर बोल मार गया। सब चुप, 'ये' सुट और मैं गुम। हवा में मारा गया बोल मेरे कान में फुसफुसा गया-'गया सो गुलाब और आया सो बड़ा पकोड़ा, चरचरा या फुस्स।' बसाव में बन आए तनाव को तोड़ते 'ये' बोले, "अपनी मां के हाथ की खीर तुमने कभी खाई नहीं...।"

उनकी बात पूरी हो, उसके पहले ही इसे झेलते हुए छोटी बेटी बोली, "मां के हाथ की खीर हमने नहीं खाई भला।"

"अरे भई, इनके लिए कह रहा था। 'ये' ऐसी खीर बनाती हैं कि दूध अपना रंग भूल जाए और चावल गमक और सरसरा जाए उसमें एक नया रंगीन स्वाद-महक भरा।"

"स्वाद का भी रंग होता है बाबूजी?" छोटे बेटे ने कुछ और ढब में पूछा तो बहुओं ने भाल छूते आंचल के नीचे महीन मार करती ऐसी मुसकान तानी कि एक नहीं, बात के कई-कई मतलब मेरे मन-सेच में भर गए। तभी पांच बरस का पिंटू इनकी गोद में जा चढ़ा और मुझ पर नन्ही आंखें जमाकर बोला, "दादा जी! दादी मां की फोटो उस कमरे में लगी थी, कहां गई?"

"दादी मां। दादी मां तो क्लीन-बोल्ड हो गईं। अब फोटो में क्यों दादी मां ताकता है? यह जीती-जागती सामने तो बैठी है तेरी दादी मां, जा उनके पास जा...जा ना।" इन्होंने पिंटू को मेरी तरफ ढरकाते हुए कहा। पर वह टस से मस न हुआ और बोला, "दादी मां को किसने आउट किया? इस आया ने? यह आपकी आया है दादाजी?" देखते हुए पूछा तो ये हलकान हो बौखला-से गए और उसे गोद से उतार नीचे खड़ा कर दिया, बोले, "क्या बकता है?" तभी पिंटू डबडबाई आंखों को मलता हुआ कह गया, "सभी तो कहते हैं।"

सबने सुना और चुप्पी में उतर गए। मैं उठी और दूसरे कमरे में जाकर घर की असल मां-मालकिन का फोटो अलमारी से निकाल ठीक जगह लगाकर तिपाई से नीचे उतर आई।

कहते जो हैं कि 'भीतर बोले डोकरा, बाहर बोले छोकरा।' फिर अनजाने में अनजान जो कह जाए वह अकसर तो ठीक होता है। यह सही नहीं कि इस घर में मेरी औकात आया से बढ़कर और कुछ नहीं? खुद अपनी नजर में मैं क्या हूं, आया ही तो...आया...बच्चों की नहीं, बच्चों के दादा की।

जब मुझे इस घर में आना था तब मैं नहीं आई। समय की सुई, उसके तीखेपन से न बिंध, मैंने उसके धागे से छिदना चाहा तो, उलझन तो पांत आनी ही थी। तब कितने निहोरे हुए थे–कितनी मान-मनुहारें की थीं इन्होंने। अपनी लाग-लगन की दुहाई देकर इन्होंने कहा था–"कविता। मेरी कल्पना। मेरी जीत। तुम जैसी हो, पूरी-अधूरी या अधूरी-पूरी मेरी चाहत, मेरा चैन हो...यों मुझसे छिटको मत, मेरी मांग मत ठुकराओ...जो होगा-नहीं होगा, हम साथ सहेंगे-झेलेंगे. ..तुम्हें मुझ पर...अपने 'हीरो' पर भरोसा नहीं...सोचो तो तुम्हारी छवि में मैं अपना क्या कुछ नहीं देखता रहा हूं...अपना अब, आज और कल, सब कुछ।"

जब-तब यही तो दोहराता था आलोक–उसका खिल्लाड़ बैट्समैन–'तुम मेरी सब कुछ हो कविता। सब कुछ। मेरा बैट, मेरी बॉल, मेरा पैड, मेरी पिच, मेरा विकेट। सब कुछ...मैं तुम्हारी कोख में अपना ऑलराउंडर देखता हूं। बैट का काव्य और बॉल की कविता; में जो नहीं बन सका, वह उसे बनाऊंगा...एकदम चुस्त-चौबंद क्रिकेटर जो झाड़े तो चौके और उड़ाए तो छक्के...जिसकी बॉल क्लीन करे और विकेट चटखाए। तुम्हारी कोख में अपना ऑलराउंडर...।'

'और दूसरे खिलाड़ी?' मैंने तब लाज-लीन होकर पूछा था।

'और दूसरों की भली कही, तुम साथ दोगी तो टीम खड़ी कर दूंगा–पूरी टीम।' इतना कहकर आलोक मेरी तरफ यों झपटा था जैसे कोई कठिन कैच लपक रहा हो। पर मैं ही छिटककर पहुंच से परे हो गई। 'वो' हाथ झटककर मेरी ओर बढ़ा और बोला, 'तुम चाहे जितना परे छिटको, दूसरी बॉल तो मैं लेने से रहा...तुम्हीं से औरों को आउट करूंगा और तुम्हें ही कैच करूंगा।' उसने जो कहा था वैसा ही करने के लिए क्या कुछ नहीं किया। सब किया पर तब मैं ही बाउंडरी बाहर हो गई तो वह क्या करता?

मैं अपने कॉलेज-क्रिकेट टीम की कप्तान थी और वे अपनी यूनिवर्सिटी टीम के। क्रिकेट के करतब देखकर ही हमने एक-दूसरे को जाना था। वह मेरा फैन, मेरा वह हीरो। तभी ललक-लोभ जागा था आपस में और धीरे-धीरे नजदीकियां सघन होती चली गईं। अब हम अपने को एक-दूजे के लिए समझने लगे और हमारी यह लाग-लगन अपने दायरे में जग-जानी हो गई तभी।

कॉलेज के उस सिल्वर जुबली मैच में उस जबरी जोरावर कीनियाई खिलाड़िन की दनदनाती हुई गेंद मेरे पेट के नीचे आ लगी थी एक धमाके से और मैं वहीं धसककर आड़ी हो गई थी, पिच पर। आंखें अस्पताल में खुली थीं और घाव (?) घर आकर जाना था। घाव जो भरकर भी भूलने वाला नहीं था–रीता, खाली कर जाने वाला घाव। डॉक्टरों ने मां को बताया था, अब इसकी कोख नहीं फल सकेगी। यह मैंने सुना-जाना तो मेरी आंखों में आलोक का ऑलराउंडर तैर आया। और देखते-देखते मैं जैसे छक्का मारने के चक्कर में क्लीन-बोल्ड हो गई। उसके जीवन से जानबूझकर। खूब सोच-समझकर।

दिन, बुदबुदे-से दिन बनते-टूटते गए। अब मैं हारे-हिरसाए तन-मन से क्या और कैसे खेलती? और रातों जागकर मैंने तय किया कि आगे मैं आलोक से नहीं मिलूंगी। अपनी टूटन से उसे नहीं तोडूंगी...अपने अधूरेपन में उसे नहीं समेटूंगी।

अपने बांझपन से नहीं बांधूंगी उसे। उसके ऑलराउंडर के सपने को नहीं तोड़ूंगी। अपनी निपूती कोख का सन्नाटा उसके चहचहाते खिल्लाड़ जीवन में नहीं भरूंगी। मैं रोती रहूंगी, अकेली। नहीं बनाऊंगी अपने रीतेपन का पार्टनर उसे। जो वह नहीं जानता, उसे मैं बताऊंगी कि मैं उसे उसका ऑलराउंडर नहीं दे सकती।

और सब बतला-जतलाकर मैं उससे दूर होती चली गई। इतनी कि वह और पास आ गया। और जब आलोक ने अपने अतुल अनुराग के इंद्रधनुष को मेरे पैरों में रखकर मेरा हाथ मांगा तो मैंने एकदम इनकार कर दिया। उसने नेह-नाते के तीखे तीर साधे पर मैं टस से मस नहीं हुई। बस इतना कहा—मैं अधूरी हूं। टूटी हुई। सही-साबुत के साथ नहीं चल सकूंगी। आलोक जो भी कर सकता था, मुझे मनाने के लिए उसने किया। पर मैं ही रेखा पार कर गई थी।

गजर गाज कर कोई दो जुग तोड़ गए। पूरे शतक का पूरा चौथाई चिथड़ा गया। मैं कविता का एक और अकेला चरण बनकर रह गई। और उधर आलोक छंद-बंध पाकर पूरा प्रबंध बन गया। पर न मैं उसे भूली और न वह मुझे। स्मरण के सूत्र मिले भी तो कब और कहां।

तब जब बंधा बांध बिखर-टूट गया और अकेले हो गए आलोक—अब आदर ही तो दूंगी आलोक को—नए नाते से। बेटे-बेटियों, नाती-पोतों से भरा-पूरा घर-परिवार छोड़ जब 'इनकी' जीवनसंगिनी सिधार गईं। बेटियां पराई हुईं और बेटे धंधे-रोजगार चढ़ दूर दूसरे पुर-नगर जा बसे तो 'ये' अकेले—निपट अकेले ही तो रह गए।

उलटी मोहरियों की ऊदी पैंट और धुंधलाया लाल ब्लेजर पहने, गरम मफलर को गले में, पीठ पर डाले, पके बालों वाला कोई छड़ी पर अपना बदन साधे मेरे दरवाजे पर खड़ा डूबते सूरज को देख रहा था। झिझक में आई पहचान को पक्का करते हुए मैंने पूछा, "कहिए?"

"सुनोगी...अब तो..." के बोल के साथ जो मेरी तरफ हुए तो पहचान के डोरे मेरी आंखों में गहरा गए।

"तुम...आप...आओ...मेरे यहां आए और आते ही पीठ कर दी मेरी तरफ... डूबते सूरज में क्या तो देखते रहे।" मैंने खिलकर कहा।

"उजाला...दोगी...उजाला अब तो?"

"डूबते सूरज से उजाले की चाह। क्या कहते हो।...अब तो ढिबरी का तेल भी चुक गया...बाती भी बल रही है...धुआं...कालिख रह गई...कालिख...।"

"जो भी है, मुझे दो...अंधेरा-उजाला...धुआं-कालिख। जो भी है मुझे दो... मैं अकेला हूं...एकदम अकेला...अधूरा। तुम अपने-आपको अधूरी जतला-बतलाती रहीं। मुझे पूरा कर मुझसे परे हो गईं। आज मैं भी अधूरा हूं। चलो अब हम अपना आधा-आधा जोड़कर एक पूरा कर लें। पूरा कर लें अपने को, अपने जीवन को...जीवन जैसा भी और जितना भी बचा है।" उन्होंने बांह पर छड़ी टिका मेरे कंधों को कसकर पकड़ लिया और हॉकी की कमेंटरी की तरह धड़ाधड़ सब कह गए। सांस साधकर फिर बोले, "जिसके पूरेपन को पाकर भी मैंने कभी अपने-आपको पूरा महसूस नहीं किया...तुम्हें याद करता हुआ अधूरेपन में जीता रहा। मानोगी तुम कि मुझे हुनरमंद आला अफसर बेटे मिले...पर तुमसे मिलने वाला ऑलराउंडर तो नहीं मिला। तुमने तार क्या तोड़ा, सिलसिले-सितारे टूट गए खेल-मेल के और मैं क्रिकेटर से कारोबार करने वाला...कारखानेदार बनकर रह गया।"

"तो सिलसिला जोड़ने आए हैं मेरे पास...अपना ऑलराउंडर पाने?"

"जो तुम समझो...अब तो मैं और तुम...तुम और मैं..." उनके बोल ठिठक गए और उन्होंने अंगूठे-उंगली से आंखें ढांप, तर्जनी अपने माथे पर रख ली। फिर झरझुरी झाड़ बोले, "सवाल पर सवाल ही झाड़ती रहोगी, अपने घर में बैठने तक को न कहोगी?"

"अपना घर। चलो, भीतर चलो।" मैंने दरवाजे से परे हटते हुए कहा।

और 'वे' मेरे भीतर आकर मुझे अपने घर ले आए। लाख अपने बेटे-बेटियों के बरजने, ताने-उलाहने देने पर भी। नेह-नाते तोड़-झटक देने की चेतावनियों-धमकियों को परे कर 'ये' मुझे ले आए भांवर डालकर अपने घर और मैं आ गई इनके यहां-यह सुनकर भी कि पचासे पर खड़ा दूल्हा और चालीस पार दुलहनिया, राम मिलाई जोड़ी, एक अंधा दूजा कोढ़ी। क्यों? आखिर क्यों डाल बैठी मैं भांवर खाए-खेले-खुटे खिलाड़ी संग। इनकी चाह-माया या अपने भीतर बैठी पुरानी प्यास...लाग-लगन यहां मुझे ले आई जहां सब एक-दूसरे के सगे थे, बस मैं ही एक पराई थी। पूरी टीम थी घर में सगे-सुहातों की। बस अकेली मैं ही आउटसाइडर थी। एक्स्ट्रा भी नहीं। उनके फील्ड में मैं खेल नहीं सकती थी। अलबत्ता दूर से देख सकती थी। मैंने खेल देखा। खेल देखे, देखती रही पर जब मैं खुद खेल बन गई तब...तब...।

'वो' सब खेलते रहे-कभी 'वाइड' तो कभी 'नो-बॉल'। और तो और, जब इनके हाथों भी मेरी यही गत होने लगी तो मुझे लगा-गेंद बदलकर भी 'ये' खेल

नहीं पा रहे–उलटे मैं ही इनके हाथों घिसी जाकर अपनी रही-सही रंग-चमक खोती जा रही; तो फिर?

हम डॉक्टर के क्लीनिक में थे, चेकअप के लिए।

''बदन पर कहीं खराश-घाव नहीं आने पाए। ध्यान रखें मि. वर्मा। डायबिटीज के रोगी का घाव बड़ी मुश्किल से भरता है।'' डॉक्टर ने कहा और फिर अभी-अभी आई अपनी साइड की चेयर पर बैठी महिला की ओर देखकर बोले, ''डॉक्टर सुरेखा, यह हैं मिस्टर आलोक वर्मा, पुराने रणजी खिलाड़ी और आप श्रीमती कविता आलोक–अपने जमाने की बेजोड़ बल्लेबाज।'' हमने अभिवादन में हाथ जोड़ दिए। डॉक्टर फिर बोले, ''डॉ. सुरेखा, खूब संयोग है–आपका क्लीनिक में आना हुआ और कविता जी का भी। आप जरा इन्हें देख लें प्लीज कि क्या हो गया है इनकी 'नारी' को।'' डॉक्टर ने जरा चुहल से कहा तो वे ''खुशी से'' कहकर उठ खड़ी हुईं, तो मैं भी उठी और कंसलटेशन रूम के भीतर हो गई, डॉक्टर के पीछे-पीछे। परदा गिराकर टेबल पर मुझे लिटाकर मेरे पेट-पेडू को खूब-खूब टटोलती हुई डॉक्टर बोलीं, ''आपका नाम बड़ा प्यारा है–कविता। और शौक क्रिकेट। मैं दोनों की फैन हूं।''

''खेलती हैं?'' मैंने पूछा।

''खेलती थी।''

''मैं भी...अब मुद्दत हुई...अब देखिए क्या हुआ। जी उचाट रहता है, दिन-दिन भर। कुछ अच्छा नहीं लगता।''

''अच्छा नहीं लगता, जी उचाट रहता है। तो फिर, कविता की भाषा में कहूं तो...सीप-मोती का खेल समझें इसे।''

''सीप-मोती...खेल...क्या कहती हैं डॉक्टर। इस पकी-थकी उम्र में...।'' मेरे हाथों के तोते उड़ गए और मैंने सकपकाकर उसका हाथ पकड़ लिया। हड़बड़ाकर फिर कहा, ''गौर से देखें डॉक्टर, प्लीज। गजब हो जाएगा। ऐसा नहीं हो सकता, कोई बीस बरस पहले मेरे पेडू पर दनदनाती गेंद लगी थी और तब डॉक्टरों ने जांच-परखकर कहा था...और अब जिंदगी के इस पड़ाव पर...।''

''नेचर कब क्या टर्न ले ले, कहा नहीं जा सकता। मुझे लगता है, आप मां बनने की तैयारी में हैं। पक्की जांच तो आप हमारे क्लीनिक में आएं तभी हो सकती है।'' इतना कहकर डॉक्टर बाहर आ गईं।

''क्या कहती हैं डॉक्टर?'' इन्होंने पूछा।

"कुछ खास नहीं। आप कविता जी से पूछ लें। घबराने जैसा कुछ नहीं।" डॉक्टर ने वॉश बेसिन में हाथ धोते हुए कहा। अपने साड़ी-पल्लू को ठीक करती हुई जब मैं क्लीनिक से बाहर निकली तो इन्होंने पूछा, "क्या बात है कविता? सब ठीक तो है–क्या कहती है डॉक्टर?" ये परेशान और मैं पत्थर। रास्ते भर 'ये' मुझे कोंचते-कुरेदते रहे और मैं ना-नुचकर टालती रही। घर पहुंचकर तो 'ये' मेरी आंखों में आंखें डालकर अड़ ही गए तो होंठों से एक ही शब्द फूटा–ऑलराउंडर।

"हैंऽऽ!" इनके होंठों में एक चीख-सी घुटकर रह गई और ये जहां खड़े थे, वहीं धसककर बैठ गए। याद आया। मुझे तब मेरे पेड़ू पर गेंद लगी थी, इन्हें शायद आज लगी है।

आगे हमारे जीवन की 'पिच' बेजान हो गई। अपनेपन और आपसी लाग-लगाव के 'बैट' को कलाई में कल-बल भर सभी ड्राइव-कट मारकर खेल देखा, पर सब बेसूद-बेकार-नो स्कोर। और यों सीमित ओवर का यह मैच 'ड्रा' की ओर बढ़ता गया। बेहद बोर और थका देने वाला बेदम-बे रेकॉर्ड मैच।

"डॉ. सुरेखा को शक हो गया है। कहा भी था पक्की जांच करने को। गईं क्यों नहीं? चलो, मैं साथ चलता हूं।" रोज चाह-चिरौरी कर कहते थे, आज इनके बोल कसैला गए।

"शक ही है। अब शक की क्या दवा। पर वह तुम्हारा ऑलराउंडर।"

"यहां जान जंजाल में है...और तुम्हें...ऑलराउंडर...गया वह...इस उम्र में कहीं ऐसा कुछ हो गया तो...मुंह दिखाने जोग न रहेंगे।" वे बौखला उठे।

"कहा न वैसा कुछ नहीं। पर एक बात...ऐसा हो भी जाए तो कोई पाप है? आपके अपने मुझे अपना नहीं मानते। मेरी कोखजाया मेरा अपना कोई हो तो, क्या बुरा?" मैंने यों ही कह देखा तो लगे ये सनसनाने, "क्या बकती हो। नाती-पोतों के साथ अपना पिल्ला झुलाऊंगा अब इन बूढ़ी बांहों में...और तुम्हें भी कोई भला लगेगा धोली मांग दूध-पूत?"

"कौन साठा उतर गई मैं...फिर मेरा अपना तुम्हें क्यों अखरता है?"

"वह बात नहीं, पर तुमने तो तब कहा था...और इसीलिए बिनब्याही रह गईं...और अब...।"

"और अब...यह छल!"

"छल-धोखा कुछ नहीं। कुछ नहीं है तो ठीक और कुछ है भी तो साफ हो सकता है...सब क्लीन। तुम डॉक्टर के पास चलो तो...तुम यहां आईं तभी मैंने

सोचा था—नश्तर लगवा लूं खुद को, पर मेरी डायबिटीज, घाव जो नहीं भरता और तुम्हें इसके लिए कहने का हौसला नहीं हुआ। और आज...।''

''और आज लपक लिए गए—कैच दे बैठे, यही न?''

''तुम इसे खेल समझ रही हो और यहां टीम-बाहर हो रहे हैं।''

''तुम अपनी टीम के साथ रहो। पूरी टीम न सही, मेरे एक साथी पार्टनर को तो मेरे साथ रहने दो।''

''बौरा गई हो तुम। क्या टीम-टाम की, साथी की बात करती हो। मेरा सब कुछ तो है तुम्हारा।''

''तुम्हारी जीत के बैट्स, शील्ड और ट्रॉफियों को लेकर मैं क्या करूंगी...मुझे अपना ऑलराउंडर चाहिए—जीता-जागता। जो जीते और मुझे जिताए-जिलाए जिंदगी के मैच में।'' अब मैंने पूरी संजीदगी और मजबूती के साथ कहा।

''क्या बकती हो उलटा-सीधा। चलती हो डॉक्टर के पास या...।'' इतना कहकर उन्होंने कसकर मेरी कलाई पकड़ ली—बल्ले की तरह, छक्का जड़ने की ढब में।

मैं हाथ छुड़ाकर चली आई हूं उनके यहां से अपने घर, जहां से डूबता हुआ सूरज दीखता है, उजाला बिखेरता हुआ। अलसाए आकाश के छोर पर गोटा-किनारी लगाता हुआ।

अपने ब्याह की तसवीर मैं ले आई हूं और उसकी जगह एक पुर्जा, कागज का छोड़ आई हूं। जिस पर लिखा है—

मेरे कल के हीरो।

तुम्हारे घर-परिवार के पिच पर पड़ा मेरा हर पग, उसकी हर गति और हर हरकत-हलचल को सबने पग-बाधा ही माना और हर हालत में मुझे आउट ही करार दिया। और तो और, तुमने भी। मैंने सही रहकर सही खेला, तब भी तुमने मुझे एल.बी.डब्ल्यू. कह दिया। ऐसे में कब तक तुमसे, तुम्हारों से अपील करती रहूं। इसीलिए तुम्हारी टीम से बाहर हो रही हूं अपने-आप।

हां, डॉ. सुरेखा को शक ही हो गया था। बड़ी डॉक्टर ने जांच करके बता दिया है कि कहीं कुछ भी नहीं है। पर अब मैं बिना अपने ऑलराउंडर या संगी-पार्टनर के भी अपनी जिंदगी के बचे हुए ओवर खेलूंगी। अकेली। मजबूत और चौकस रहकर।

किराए की कोख

सगुनवे! डाल बीज पे बीज, उगा लौंडे-लीतरे, बटोर फसल बेटों की...दोनों हाथ।

"कटे क्यूं आगेवान...जे घाघरा गले घाल घबरा गिया मैं तो। साली लुगाई है के लू? लगी और ले गई बीज। साल के साल लौंडा ले लो। घर भर दिया। छोरे ही छोरे।"

"सुकराना फेर। हियां तो तरस रहे पूत की सिकल को। पूतनियां ही पूतनियां भेली हो गईं, कुल-कंगूरे, बेटे की आस में आंखें पथरा गईं, पर भाग अपने।"

"अरे! मरे क्यूं। कर ले बदल बेटे से बेटी का। मैं तो बेटों में डूब गिया। बेटे...भाग हेटे।"

"मुकरना नी, देगा बेटी के बदले बेटा?"

"चल, अब्भी ले। जो बदले, अपने बाप का नी।"

"छोड़ रे! बेटे-बेटी का नाता जूं नी बने। नाता-रिश्ता खून का होवे, तभी ममता उमड़े, मन दौड़े। पर सुन यार! एक कबूतरी दूसरे कबूतर का अंडा गरमा के बच्चा निकाल देवे। भला ऐसा मानुस-जात में बना होता तो मैं तेरे से—तेरी कुई से—कुछ मांगता।"

"वो भला क्या?"

"जेई के जात-भाई हो, मेरे अंडे से तुम बच्चा निकाल दो। पर आदमी का अंडा हो तब ना। फिर बोलूं तो कैसे तुझे?"

"आदमी का अंडा! तू तो बौरा गिया आगेवान। फेर भी बोल तो, जो होगा करूंगा।"

"तो होती आई बात बोलूं? पुरखों जानी रीत...तू खाली न कर दे कुई को मेरे हेत...बरस दो-एक मेरे नाम बैठ लेगी। बस बेटा भर ले लूं उसकी कोख से। फिर झगड़ा-एबजाना जो बने ले ले।"

"यूं बोले? चार पैसे जुड़ गए तो अपने लंगोटिया की जुरवा से आंखें जोड़ने

लगा।''

''आंख जोड़ने, दिल डालने की बात नी। बस, हौंस है। घर का उजाला जुड़ जाए...दूजे के खेत हम नी जोतते-बोते! बंटाई-बंटवारा भी तो होवे ही है। फिर अपनी बिरादरी में तो जे चले ही है। ले सुलगा।'' कहते हुए आगेवान ने बीड़ी आगे कर दी और ठक्क-से बोतल जगत पे धर दी।

हथेलियों के बीच रस्सी की ढब बल दे बीड़ी को दांतों तले दबा, खर से सुलगी सलाई को अंजुरी की ओट कर, सगुनवा ओठों के पास लाया तो चेहरे पर दाढ़ी के बालों तले बिखरी झुर्रियों का अपढ़ जाल उभर आया। उसने जोर का एक सुट्टा मारा और बोला—''ले आगेवान यार! तू बात पे बात खूब मारे...वो तेरी घरवाली?''

''चल उसे तू घर में घाल ले। नवा तो कुछ नी। कर ले बदल मेरी दूजी से अपनी कुई की। कहे, ऊपर और कुछ धर दूं?'' मुंह लगी बोतल से गुटकी भर वह बोला और बोतल सगुनवा की हथेली पर टेक दी।

अब दोनों की आंखों के डोरे ललाने लगे थे। बड़ के घने पत्तों की छतनार से छनता चांद का उजास जगत पर तुले अंधियार को धकियाकर आस-पास रुके गंदले पानी में झांक रहा था। आगेवान ने खंखारकर थूक दिया तो उसमें एक फोड़ा-सा तैरने लगा।

''बोल मंजूर? अरे सोच रांड के बदले रांड, ऊपर से नोट। इसे बोलें—जूते की बदल जूता, ऊपर से चांदी की मेख। दूजी की गांठ भी कोई ढीली नी। पर बेटा नी उसके भाग में। मैं लाया ही उसे बेटे के वास्ते। छोड़ जे सब और बटोर पुन्न।''

''पुन्न, वो कैसे? इसमें तो पाप दिखे सीधा।''

''वाह, पाप किधर कूं? वो माता दरोपदी पांच बीच एक थी के नी? पुन्न तो सफ्फा है सगुनवा! मान दूजी को तेरे से बेटी पड़े तो तुझे कन्यादान का पुन्न मिले और उधर कुई को मुझसे बेटा पड़े तो मेरा बंस चले। बता है के नी पुन्न।''

''पर कुई, उसे भी तो...।''

''बात की तान तोड़े मत। वो लुगाई-धन, आपना धणी सामी जो करे वो गिने; जे उसका धरम।''

''तनी सोच-विचार लूं।'' सगुनवा ने दारू डूबे होंठों को कमीज की कोर से पोंछते हुए हुंकारा भरा।

''सौदा घाटे का हो तो सोच-विचार। बोला ना, चाहे तो बरस दो-एक टले अपनी कुई के फेर लेना। बस जे समझ हमारा बीज रखने-पोसने कूं तू अपना

बासन-भांडा हम कूं दे रिया और मैं तुम कूं।''

''तू समझ, बिरादरी तुझे पंच आगेवान बोले, तू लुगाई को बासन-भांड़ा बोल रिया। उसमें बिचारी में अपना मन-मान कुछ नी जाने तू, लुगाई हुई के ढोर-ढांगर? इससे उस खूंटे बांध दो।''

''जैसे गांधी बाबा बोलता वैसे बोल रिया, अरे मूरख! कल तेरी-मेरी सतवंती पग्गड़ में धूल गेर अपने ससुर की देहरी-दर लांघ जावे, तो बता तू...मैं दोनों उसके लहंगे की लाव पकड़ लेंगे? फिर ऐसा होवे नी अपने? अपनी जात-बिरादरी में तो 'झगड़ा' निपटाया और बात खतम।''

''अरे वो मैं सब जानूं, पर...टाबर-टसुए...हैं तो बालक...''

''पर, परख कुछ नी...टाबर, बालक के पाल-पोस का और ले ले। मेरे कूं बेटा चावे और पक्का लगे कुई की कोख जो पड़ेगा, बेटा पड़ेगा...आज तक मर्दानी ने बेटी जनी भी तो नी। कित्ते बेटे पड़े उसके?''

''मेरे से तीन हैं, पेले दो उधर हैं। अगले आदमी से।''

''साथ नी लिवा लाया पेलों को।''

''पराया मूत क्यूं घर डालूं? उनका झगड़ा अलग भरा।''

''चल दूजी पर सौ और ले मुझसे, और छोड़ कुई को।''

''सौ अलग से भरे थे उन छोकरों के वो?''

''सगुनवे! नसे-नुसी में भी हिसाब नी चूका—पर तब कुई की कदकाठी भी तो कठ्ठी थी। लाली-लुनाई सब तो चाट गिया उसकी, चल निबट तीन सौ पे।''

''तनी, कुई से भी राह कर लूं। तू भी अपनी सतफेरी से माथा जोड़ ले।''

''अपन लुगाई से माथा नी जोड़ने के। फिर लुगाई पैर की जूती। जूती, जां जी माने खोल दें, फेंक दें, बदल दें, भोले! बिचार, सीता को जब बनवास दिया रामजी ने तो उस माता से कोई बात पूछी थी,...तू बने बड़ा औतारी।''

''वो नी रे आगेवान, बात...।''

''बात-लात तू निबेड़ना...उस साहू-सांप की बंधक घालेगा सब कूं? सागड़ी बैठना वां सब के सब।'' आगेवान झल्लाया और उठ खड़ा हुआ।

''खा लियो।'' मक्की का टिक्कड़, घर कठौती उसके आगे ठेलती कुई बोली। पर सगुनवा चुप-बेहिल।

''गुम क्यूं? बोलो न। कुछ घटा ऐसा-वैसा?'' मरियल प्याज पर मुक्की तानती कुई फिर बोली।

"जी अनमना है? कुछ खा लो, नींद आ जाएगी।"

"तेरे कूं खाने-खूंदने के परे कुछ सूझे भी है और? वो तेरे बाप साहू के जुल्मी बेटे 'छीतर' ने घेरे में डाल लिया आज। करने लगा हुज्जत। बोला, पाई-पाई चुका, नी तो बैठ बंधक...घाल सागड़ी।" सगुनवा चेंटकर उखड़ा।

"बंधक-सागड़ी?" कुई की आंखें चौड़ा गईं।

"मौका चुन के बौरावे तू...जाने नी जैसे...तुझे-मुझे साहू के हाथों गिरों रहना पड़ेगा...जिंदगी भर। हाड़-तोड़ के खटना उसके खेत-खलिहान। और भरना उसका करज...बिना कुछ पाए।"

"तो फिर बालक-टाबर?"

"वो भी बंधेंगे। खाएंगे साहू के ढोरों संग...पर तुझे कौन पड़ी? तू तो जनती जा गडूरी के नाईं, बरस के बरस।"

"मैंने अकेली ने जने हैं जे सूकर?"

"नी तेरी महतारी भी आवे जनने मेरे घर।"

"अपनी महतारी कूं घर घालता वो तो जनती तेरे। कुछ होंस है?"

"होंस होती तो धरता तेरे महुवे मरद के हाथ थैली और करता ये करज अपने माथे।"

"मैं बोली थी तेरे कूं करज करने वास्ते। सगत आई थी तेरे मैं?"

"ओय, भूलगी? सामने ठमका मार ठिठकती न थी मेरे आगे...फुलो बुआ से जताया नी था के...मेरा मरा मरदुआ मारे-काटे है मुझे।"

"मैंने नी बोला किसी को कुछ...अब लगे है, जोर जुलुम था। अपने ब्याहता का था, अपने जने सीने से जुड़े थे। फिर तेरे ठीए बैठ के कौन राज करूं? एक जून खाऊं तो दूजी बेर भूखे मरूं।"

"उई-उई, बड़ी दुखिया है बापुड़ी, तो फिर छोड़े ना पिण्ड। बैठ जा ना किसी और के। तेरी काया से कंचन जो बरसे है।"

"अरे उजली काया ही बेरी रही। मुझे भान होता के काया की कलाई दूध-पूत के नाते तोड़ देगी तो मुंह झुलस लेती अपना...गारत गिरा मरद भांवर डाल के भी छल गिया। अभी आगे बदा किसने देखा?"

"आगे-पीछे खूब सोचे-समझे है कुई।"

"पगलाई जो नी। पेट की भूख और कोख की कोढ़ ने होस तो हर ही लिए...तू जाने।"

"मैं जो जानूं तेरे कूं बोल दिया...बंधक बैठना है साहू के, तेरे-मेरे कूं।

छोरे-लीतरे सब कूं।'' अब सगुनवा के बोल थककर गिलगिला गए थे।

''तेरा हेत संग है तो बंधक भी बैठ जाऊंगी। सिर पे छप्पर और रूखा-सूखा, जवारी बाजरा, कुछ तो देगा वो मरा साहू...काल कट जाएगा फिर बालक-बिखे कल खड़े हो जावेंगे...।'' कुई ने अंसुआई पलकें झांप बेबसी में घुटनों पर बंधे सगुनवा के हाथों पर अपना कंपकंपा हाथ धर दिया।

इधर-उधर लुढ़के सरजू-चंदू एक-दूसरे की पेट-गरदन-सिर नापते निंदियाए इधर-उधर लुढ़के पड़े थे जैसे अंधेरी की गठरी-पोटली ऊपर-तले चढ़ी हो। सीत मारे कुत्ते पीं-पीं करते छप्पर के बांस के ठोहके से रगड़ खाते हुए अपना डील गरमाने की जुगत जोड़े थे। कुई ने ठिठुरे आंगन से खींचकर चंदू को तप्पड़ पर कर लिया और अपने छलनी आंचल से सबको ढांप दिया। अब उसके डील पर ऊपर एक बोदी बॉडी, जो साहू की बहू ने उसकी रंगत पे रीझ के दी थी, और नीचे फटी साड़ी का आधा छोर लिपटा था। छप्पर के छेद में से छनते उजाले के घेरे से घिरी कुई की काया को अपने से सटा जान सगुनवा सुगबुगाया। तभी उसकी किलकिलाती अंगुलियों को अंजुरी में बींध वह बुदबुदाई।

''कोई जुगत करो ना?''

''तू जुगत की कहे...अरे अभी शहर में पढ़ेला शंकर का बड़े वाला बेटा बोले था...अब सरकार बंधक मजूर नी रखने देने की। साहू लोगों की धर-पकड़ जोरों पे है। देखना सगुनवा डरना नी।''

''फिर...।'' एक लंबी चुप्पी पसरती गई दोनों के बीच। दोनों बोलते-टुहकते कि तभी एक भारी बोल फूटा—''सगुनवा हो!''...सिहरते सन्नाटे को भेदते हुए उसने बोल लौटाए—''आया हो!...इत्ती रात गए साहू आन गड़ा—रामजी रखे!'' कहता हुआ सगुनवा छप्पर से निकला।

''साहू पा लागूं, आप इस खाऊ जाड़े में...मुझे टेर लिया होता।''

''वो तो ठीक...मैं बोलूं..आज छीतर ने तेरे कूं ऐसा-वैसा बोला था चौपाल कने।''

''नी तो, छोटे साहू मिले भर थे—करज की बात याद दिलाई थी।''

''नी...वो बंधक-वंधक रखने की बात भी बोला था, मुझे सब जान है, सो भई...मुझे किसी को गिरो नहीं रखना। बंधक-सागड़ी नी घालना...अब तू ऐसा कर कि कल ही मेरे इस छप्पर को छोड़, दूजे कहीं डेरा डाल। तेरे से बने जब मेरा दिया देना। पर, अब परे पड़...तेरा संग मुझे ले डूबेगा।''

''पर साहू...मैं कहां जाऊं, मेरे को दूजा ठौर नी, जहां जा पटकूं लड़के-लीतरों को।''

''अब तू जो भी कर, जहां चाहे जा, ये जनानी सिरकार तो हमारा गला नाप रही...नए कानून पे कानून बन रहे...वो शंकर के बेटे की सुनी तेने। नेता बन रिया।''

''पर साहू, जो बोले उसे बकने दो, मैं तुम्हारा दिया भर दूंगा। अब तो सरजू भी बड़ा हो गिया। चार की ठोर छह हाथ लगेंगे तो...''

''तू हाथ-बात छोड़, यहां चार कंधे लग जाएंगे मेरे कूं। बस बोल दूं, तू कल ही अपना ठौर अलग बना!'' इतना कह मरे-मरे पग डालता साहू मुड़ गया। सगुनवा पल पांच काठ-सा रहा, फिर छप्पर में हो लिया। उसे यूं भौचक-भरमाया देख कुई ने टहोका।

''फिर?''

''फिर नी...चक्कर करमों का।''

''अब कहां किस छोर पे रोपोगे छप्पर। कुछ 'करन' सोचो।''

''मेरे सोचे 'करन' से कुछ बना है आज तक...कल वो आगेवान आया था। मुझे जगत पर बिठा भोत बातें बोले था।''

''आगेवान? वो लगते-मोटे गांव का?''

''हां, वो। बोले था—सगुनवा एक पुन्न कमा। और पाप काट साहू का।''

''कैसा पुन्न? कुछ बालपन का सखा-नेह आया उसके जी में तुमपे।''

''मुझपे तो उसका कोई नेह-नू नी। पर तेरे पे जरूर उमड़ा है उसमें कुछ।''

''सफ्फा बोलो। चाहे क्या था वो?''

''कहेंगे तो फिर मेरी नीयत-नेह पे मार करेगी।''

''बोलो भी। पाप तो मैं जान गई, पर पुन्न की बात कौन?''

''अरी कहता था...जात भाई के नाते ही सही...कुई को बिठाल दे मेरे यहां—बस उसकी कोख मेरा बेटा पड़ जाए फिर...बेटे ही बेटे जो होवे हैं तेरे। उसके बेटियां ही बेटियां हैं...।''

''तो मैं उसका बेटा जनने जाऊं। अरे हम लुगाई 'मानुसजात' हैं कि ढोर-ढंगर जोरू-जमीन एक समझो हो तुम मरद...।''

''बोल न दिया था...आखिर तो उफन पड़ी ना।''

''छोड़ो उसे। कल की सोचो, छप्पर कहां रूपेगा?''

ओस नहाई भोर, धूप ढरकाते सूरज के सामने होती, उसके पहले ही, साहू गांव के पंच-परेखों को ले सामने था। सगुनवा हाथ जोड़े 'बिना खाए की मार' की ढब में खड़ा था और उसके पीछे आड़ की ओट लिए कुई कांप रही थी। अपने

भारी मुंह से भाप का बगूला छोड़ते साहू बोला था—"सगुनवा, पांच पंचों के सामने तेरा मेरा फैसला है। लो देखो पंचो! मेरे सुगना के बीच ये कागद-पत्तर हैं ब्याज के, जो मैं सबके सामने तोडूं-फाडूं। अब मूल मूद्दल ही रहा इसके सिर, और सगुनवा मेरे से आता-नाता तोड़े।" इतना कहकर साहू ने, सच में, उन कागद-पत्तरों को फाड़ फेंका, जो आज तक उसे कुंडली में बांधे थे। कागदों की धज्जियां बिखरकर इधर-उधर उड़ने लगीं तो उसे ऐसा लगा जैसे उसके सीने पर पसरे फनियल का फन बिखरकर झर गया। उसने एक उजली और अपने लिए सांस भरी। पर तभी साहू आगे बढ़ा और उसकी गिरस्ती की चीज-बसत छप्पर से बाहर डालने लगा। कुई ने आगे आ बांध बंध दिए पर साहू न रुका। सगुनवा चिरौरी चाहने में लगा मिमियाता रहा। बालक हड़बड़ी में नींद निबेड़ बाहर खड़े हो बिलखने लगे। तभी आधा गांव साहू के खलिहान में भर गया। सबकुछ मिटता-बिखरता देख सगुनवा ने जोर-जबर का रुख किया तो ब्याज से बरी करने की बात उछाल साहू ने सबको अपनी तरफ कर लिया। अब तो सगुनवा के सर साहू का ऐसा कोई 'डंक-डंडा' नहीं था जिसकी मार बताकर वह गांव वालों की दया जीतता। सब बिखर-बीत गया। अब उसके सर पे आकाश के चंदोवे के सिवाय और कुछ न था—साथ थी बिसूरती कुई, बिलखते टाबर।

अंसुआ कब सूखे, सिसकन कब सिमटी और पग कहां जा थमे, किसे भान? बस चेत हुआ तो जाना उजड़ी गिरस्ती गांव के आखीर छोर पे खड़े बड़ के नीचे बिखरी पड़ी है। दिन का दुराव सांझ घेर लाया। संझा अंधेरा ओढ़ रात बनी और सांय-सांय करती रात भूखों को खाते-खाते अघाकर फिर दिन में ढल गई। इस फेरे के साथ सगुनवा और कुई की अधखुली आंखों में आगेवान का मन चीन्हा आन बैठा। सगुनवा की आंख में कुई ने आगेवान की परछाईं देखी और सगुनवा ने कुई की पुतलियों में पूत-पाल बेबसी पढ़ ली। दो दिन की भूख आखिर को हांक ले गई उसे आगेवान के गांव-गलियार!

बित्ता भर जमीन पर खड़े छान-छप्पर तले दूध-पूत को सिमटा सहेजा देखने की होंस कुई को दूजे ही दिन दिखा गई—आगेवान के भरे-पूरे आंगन-चौबारे। उसके पैर पड़ी पैंजनिया के घुंघरू झनकने लगे। उजली हथेली पर महावर रच गया और रूप-नहाई देह रेसम में जा बसी। पर ये सब जुगाड़ उसे कैसा तो खुरदरा खारा लगा था? मिलन की रात के पहले पल खीर के लच्छे उसके गले में कांटे तो

डाल गए। और फिर रात घिरे चिकनी चमक पुती रंगदार गारे की दीवारें सिमटकर कैसे आ जुड़ी उसके पास-दर-पास। और वह पिल ही तो गई उस भभकेदार खट्टी बास उगलते कंपकंपाते आगेवान की लुंज बाहों के घेरे में। भोर आंख मलती जागी, सिमटी तो उसे अपने चौफेर—पाप-पुन्न के छोर—उलझे-अटके दीखे। उन्हें आंखों की ओट बिलगा चौबारे के बाहर पग धरा तो एक ताना तानती खिलखिलाहट ने उसे चौंका दिया।

"तो दूजी की बदल आई तीजी! मैं हूं आगेवान की असल सतफेरी। नवें महीने बेटा जनने के हेत घर घाली है तुझे...धोखाधड़ी नी करनी हां!" और उस अधेड़-उधड़ी, चौड़ी-चकली, लुगाई ने अपनी नवी सौतनिया को ठोहके-ठहाके के साथ आ लिया।

"जुहार बड़ी।"

"बेटा जनने को जिए तू...पर बेटा जनना हाथ है तेरे। आगेवान ने तो जे ही बोला था। तेन्ने अपनी कोख बेटी नी देखी कभी।"

बोल की मार मन में अंस तो गई, पर बोली नहीं, चुपा गई कुई, बस बोझिल पलक फैला उसे निहार भर लिया।

"ऐसी लजा री लाजो जैसे अब्भी, आज ही बिंधी हो बनी पेले पेल। तीजा मरद तो मेरा ही है, देखती आंखों, आगे का हिसाब भी होगा ही?" चुप से चिढ़कर चढ़ने लगी बड़ी।

"मेरा हिसाब तो सफ्फा है। औरों का भी हिसाब समझ आवेगा ही!" अब कुई ने सौतन की धौंस और झेलना ठीक न विचार डंक दिखा ही तो दिया।

"हिसाब समझने की ठीक कही तूने...ये जो सब सुहागन का सांग धारे है, आगे जो चरेगी-भरेगी, वो सब मेरा और मेरे बाप का है...उस मरद मीत का नी जो तुज्झे लाया घर...पहली बतलास में ही लोढ़ी सौत ने कार करता बोल दाग दिया तो उफनने लगी बड़ी। ठा हो जाएगी तुज्झे; आगेवान मेरे दिए पे खड़ा है। बना है। और तू भी हिआं तभी तक बनी है जब्भी तक मैं चाहूं...बेटे ढलने की टकसाल जो जुड़ी है, इस बापुड़ी के पेंदे से...।" इतना बोल वह पैर पटकती अपनी ओवरी की ओट हो गई।

जो सामने आया था, आगे पड़ा था और उसके आगे बनेगा, उस सबसे अजान तो थी नहीं कुई, जो बिदकती बिल्लाती। उसने पग रोप के खड़ा रहना ठाना और झनकती हुई वहां से हट गई।

और आगे सब बातें-घातें तो उसे झेलनी थीं ही, पर उसके भान में जो सबसे

केसैली और मारक बात आई थी, वह थी आगेवान की सह पर सगुनवा और आगेवान की 'दूजी' लुगाई की सांट-संगत। कुई ने इस आस-बिसास पे इस घर बैठना बदा था कि सगुनवा बरस दो-एक उसकी बाट में बैठा लड़के-लीतरों को सहज लेगा। उसकी बदल में मिले रुपये-ठीकरों के रहते साहू का मूल करज भी चुका देगा। पर पहला पखवाड़ा टूटे ही उसने सुना के वो तो उस 'दूजी' को घर में घाल उसके अपने दूध-पूत को धकिया-मुकिया रहा। लाख उसका जी उमड़ा, मन हुमका, पर आगेवान की देहरी लांघते उससे न बना। दिन को चौकसी करती 'बड़ी' और रात आ घेरता आगेवान। जात-बिरादरी सब उसके पीछे। कुई को कौन जाने?

बड़ी के बोल सहते, आगेवान का डील ढोते कुई नए बास से परच गई थी। मन न होते भी वह घर के ढोर-डांगर के सानी-पानी, साज-संभाल में लगी रहती। उठती-बैठती दो जून खाती, सोती-जागती, पर 'बड़ी' बात-पे-बात मार उसे सदा भान कराती रहती कि उसने कांटा काढ़ने की गरज सुई साधी है, सीने-जोड़ने के लिए नहीं। 'बड़ी' देह छइयां की ढब उसके पीछे लगी रहती। आज जब वह 'नहान' से निकलकर बाल फटकार रही थी कि उसने 'बड़ी' को अपनी कुठरिया की कोट पर घिये पत्थर से रेख आंकते देखा। वह पहले भी जब-जब नहाकर निकली उसे इसी ढब में रेख उकेरते देखा। उसके सोच में कुछ समाया नहीं। अपने बाल सुखाकर अब वह 'बड़ी' की बेटी झुमकू के बाल सुलझाने लगी थी।

"देख री कुई मुई! नहा-निखर के छोकरियों-छिनकियों से मत सटा कर। उनकी छुवन-छांह बड़ी खोटी होवे। तेरी कोख पड़े बीज ने जो जात बदल दी तो?" 'बड़ी' ने बोल का टोल साधा।

"बड़ी! आखिर है तो लुगाई जात ही तू। मेरा अंतस भी तो कभी झांक देख...फिर झुमकू-चम्पा से मेरा क्या बेर?" कुई ने झुमकू को अपने कने सहेजते हुए कहा।

"मेरे हारे हिये का भी तेने सोचा है कभी जो मैं डुरकूं तेरी तरफ...सांप जनने आ गई मेरी छाती पे...बता कब भर रही किराए की कोख—बेटे से?"

"जे तरारा है तो खुद न जन लेती बेटा। है कमर में जोर?" इतना उगल कुई उठ खड़ी हुई और अपने औसारे में गुम हो गई।

आकाश अटा था बादलों से और बादलों में मेह सरसरा रहा था। कुई को अपनी कोख में सरसराहट-सी लगी और उसकी याद की पालों में पीछे छुटे

बिरजू-सरजू-चंदू की सुगबुगाती सूरत आ टंगी। बिरजू तो स्याना है...पर चंदू तो...कितना चाहा था उसने कि चंदू को साथ ले ले, पर आगेवान यह कहकर अड़ गया था कि उसकी गोद में अपना दूध-पूत रहते वह झट नहीं फलेगी। और यूं उसका अपना साधा-बांधा ही मारा जाएगा। आज कुई बिचारती है—यह सब कैसे और कब हो गया...एक नहीं, दो-दो बेर वह छलावे में आ गई। कभी रीति-रिवाज, जात-बिरादरी के नाम पर और कभी दूध-पूत के नाम। पर साध क्या पाई? अब फिर कठफोड़ी कोख में कांटा लगा दिखे है। एक किलकिलाती चिर-जानी चुभन उसके कंठ में उबकाई उंडेल गई।

'बड़ी' ने जब से उसे कच्ची अंबिया चिचोड़ते देखा तो उसे पाला-सा मार गया। दिनभर वह मुंह ढांपे पड़ी रही और जब उठी भी तो बुड़बुड़ाती हुई झुमकू-चम्पा को बेबात धबीकती रही। उधर आगेवान ने अपना बीज का अंकुराना सुना तो फूला-फूला फिरता उसके भांवर भरने लगा। दूजे दिन तो बात पर फैला टोले-टीले जा चढ़ी। आगेवान ने लाख चिरोरी-चाशनी चढ़ा अपने हुलास में 'बड़ी' को हिलाना चाहा, पर वह 'हां-हूं' कहकर के रह गई। अकेले में कुई के सामने भी पड़ती तो बिन बोला धरकर रह जातीं। वह अब कुठरिया में दुबकी रहती या फिर अपनी अंगुलियों की रेख पर गिनती जोड़ती दिखती। अब उसने झुमकू-चम्पा को भी उसके पास जाने से बरज दिया।

कुई 'बड़ी' के बदल को, उसके मर्म को समझती थी, पर क्या करती? उसने अपनी चलनी-करनी में बदल न आने दिया। आगेवान के मना करने पर भी वह घर में जुटी रहती। घर-काम 'बड़ी' से पूछती-झेलती। पर इस सबसे भी 'बड़ी' कहां नमी?

दिन 'कुई' को चढ़ते जाते थे और नूर बड़ी का उतरता जाता था। आगेवान फुल्ल मदमाता और 'बड़ी' सुन्न मुरझाती। पांचवें महीने से 'कुई' भी कुम्हलाने लगी...कई-कई जापे जने थे उसने, पर इस बार कुछ अटपटा-सा उसे लगा था। छठा लगते-लगते उसकी कोख खूब फैल-फूल गई थी...इधर उसके पग-पिंड भी पिराने लगे थे और अब वह खटोली से ही लगी रहती। सातवां महीना सिराते न सिराते एक रात उसके जबर का शूल उठा और दिन ऊगते पहले-पहले उसकी कोख बेटी लेकर खुल गई। कुठरिया के बाहर बैठे आगेवान ने भीतर से सूप की ढब-ढब सुनी तो, उसके पैरों तले की जमीन खिसक गई और वह अगिया पर्वत की तरह फट पड़ा।

"ये सब इतनी जल्दी कैसे हो गया...अभी नवां महीना लगा कहां?" वह पैर

पटकता दहाड़ रहा था कि बड़ी ने सुर्रा छोड़ा–"नवां महीना बोले, अब्भी तो सात भी पूरे नहीं हुए। रेख-रेख हिसाब है मेरे कने। ले, आगेवान! 'तीजी' बेटे के लिए घाली तो बेटी ले आई और वो भी तेरी नी, दूजे की।" इतना कह वह खिल्लाकर वहां से परे हो गई।

'कुई' के 'करमों' पे तुफान तुला देख दाई ने कहा—"बच्ची तो पूरी दीखे। सतमासे बच्चे अजब तो नी।" पर कौन सुनता—'तीजी' बेटे के लिए घाली तो बेटी ले आई और वो भी तेरी नी, दूजे की।

'बड़ी' के बोल उसके माथे में झनझनाहट भर गए। वह भेंटी मार कुठरिया में घुस गया और आव देखा न ताव, वैसी की वैसी रक्त सनी 'कुई' को बाहर घसीट लाया। गंदी गालियां उगलता वह गरजा—"हया मरी बेसरम, चुड़ैल...पराया तुखम ले के मेरे यहां आ मरी। इत्ती दगा! ये फरेब! करम के संग धरम भी गया। उस सगुनवे ठगुवे का चाचार खोल अपनी चांदी नी काढ़ ली, तो मैं अपने बाप का नी...पर पैले तू निकल छिनलिया, कुलछनिया, फूट इधर से...।" उसने बिफरकर एक ठोकर उसके धंसे पेट पर धर दी। वह मरी चीख तानकर तड़फने लगी। फिर भी आगेवान न रुका। उसने उसे कोलू में भर अपने आंगन के पार पोल में डाल दिया...फिर मुड़ा और नई जाई हिलहिल लट को भी उस पर पटक दिया। पांव पटकता मुड़ा और दाई को फटकारकर बाहर करते हुए सारे घर के सब जनों को पटों के भीतर कर खुद भी पड़ गया।

कुई की पलकों में बंद नीले-पीले चक्कर वाला आकाश छितराया तो उसकी आंखों में धुंध भर गई। धुंधलके में भी न जाने कैसे उसे अपनी कोख की कालिख दमकती-सी लगी। और उसने उसे अपनी छाती में सहज लिया। धुंध फिर घुमड़ी और पलकें फिर झपा गईं।

जब उसकी आंख खुली तो कानों में घंटे-से बजने लगे, माथे पर शंख फुंकने का भान हुआ और उसने करवट बदलना चाहा तो छाती पर कीड़े रेंगने की-सी सरसराहट हुई। उसकी कोख ही नहीं फटी थी उसकी काया के सिरे भी खुल गए थे और वह अब भी खुद को लाल पानी में तैरती हुई-सी पा रही थी। न जाने कब उस कुलबुलने वाले कीड़े ने मुंह खोला और 'फिंय...फिंया' के मानुस-सुर में रोना लगा दिया।

"कौन है तू...इस भुतैले चोहट्टे में कैसे आन पड़ी...और ये...ये बच्चा किसका है?..." बच्चे का रोना सुनकर कोई आ खड़ा हुआ था और सफाई मांग रहा था।

लाल-मुंहा सूरज अपनी किरनों से स्याने बालों को हांक लाया—कस्बेनुमा गांव के सूने छोर पर खड़े इस चोहट्टे के मुहाने पर, जहां कुई, उस नन्ही जान के साथ, अधचेत पड़ी थी।

"कौन...कौन री तू?"

"कहां से आई इधर कूं?"

"कौन लाया?"

"कैसे आई?"

"है कोई आगे-पीछे?"

"बच्चा किसका?"

एक के बाद दूजे सवाल उसके कानों में मक्खियों की तोल भिनभिना रहे थे। डील में थोड़ा हिलडुल हुआ। फिर चुप...एक लंबी चुप्पी। अब एक अधीर छोकरे ने एक कंकरी उस पर उछाल दी। पास खड़े स्याने बरजैं कि दो-तीन-चार कंकरियां हवा चीरती उसको जा लगीं। उसने पलक उघाड़े—चौफेर को आंख-उजास में बांधा और जब अपनी तरफ तनी हुई कंकरियां देखीं तो रीढ़ को झटका दे उठ बैठी। पास पड़ा एक बड़ा-सा पत्थर उठाया और सामने दे मारा।

"लो...लो इससे मारो...मार डालो। डबडबाई आंखें लिए निढाल हो फिर पड़ गई। अब तो 'जगत बुआ' से नहीं रहा गया और वे लौंडे-लीतरों को डंटियाती हुई आगे बढ़ीं। तभी कोई कटोरा भरा दूध-दलिया ले आया और दिन बहलकर टल गया। सब हट-छंट गए तो भी डरे-डरे-से दो छोकरे वहां से नहीं डिगे। अब कुई की आंखों में जो करार देखा तो उनमें से बड़े के सहमे से बोल फूटे—"माई री! हम भी भूखे हैं।" कौन जादू जागा कि कुई ने बाहें फैला दी और वे दोनों टाबर खिंचकर उसमें समा गए।

आगे-आगे दिन चार-छह तो देर-सबेर कहीं न कहीं से कोई कुछ उसके पास खाने-पीने का रख ही जाता था। पर जब उससे दो मूंड़ और आ जुड़े तो सब रुक गया। फिर वे दोनों बसती में मांगते-खाते दीखे तो लोगों की उमड़ी दया सिमट गई। अब तो सांझ-दुपहर सरजू-चंदू जो मांग-तूंगकर लाते, उसी पर गुजर थी। नया नौ दिन का दया दो दिन की। उस चौहद्दे में लोगों ने एक लुगाई को इधर-उधर होते देखा था। वह बुदबुदाती रहती। गालियां उछालती रहती। पर एक हद से आगे पग बाहर न निकालती। अब उसे पक्की टोह पड़ गई थी कि मरा सगुनवा उस मरी नई को ले बच्चों-टाबर को इस अजाने देस डाल कहीं और जा मरा है। सरजू-चंदू ने भी ऐसा ही कुछ उसे बताया था। अब उस चौहद्दे

में छोटी-बड़ी चार-भुतैली परछाइयां; कभी नन्ही किलकार तो कभी भूखी सीतकार के साथ; उभरती-डूबती रहतीं।

दिन ढरक रहे थे और अब चौहद्दे की आबादी लोगों के लिए अजीब नहीं रही थी। लगते-लगते दिनों तो उस 'बेचारी लुगाई' का ठौर-ठिकाना पाने की बड़ी ललक लोगों ने दिखाई थी, पर जब 'जगत बुआ' सी दो-चार और स्यानियों ने उसे पगली-दुखिया कहा तो सब उसे पागल और दुखी जानकर मुंह मोड़ गए। फिर बाल-भीख से चार पेट कहां भरते?

यूं तो बस्ती में सुरसुरी थी ही कि उस दुखिया में लुनाई निकल आई है, मनचलों में बात चलती—इसमें कभी खूब रूप रमा होगा। सुनने में तो यह भी था कि अब इस चौहद्दे में रात को लोग आवे-जावे हैं—खास तो मुटियार लट्ठ; भैरोंजी के चौरे पर भांग घोटते-पीते; रात उधर ही डुल जावे। पर कौन कान धरे? किसी को क्या लेना? अपने जगत् का जंजाल ही क्या कम है जो...और फिर...।

पर बम तो तब फूटा जब उस दुखिया का पेट फूला। लोग-लुगाइयों ने देखा छी...छी...करते बोले—अरे इस बस्ती का पाप का घड़ा भर गया, अब फूटेगा। और फिर एक दिन तो धमाका हुआ ही—'पगली' ने बेटा जना है। बस्ती के निठल्ले बड़े बाले कभी से सोच में थे कि इस कुलटा 'करम जली' लुगाई को यहां से निकाल बाहर करें, पर कुछ ने उसे पगली कहकर और कुछ ने 'उस पापी' की धर-पकड़ की बात मान-जानकर चुप्पी ले ली। फिर बस्ती के हर आदमी को अपने 'बैरी' में 'वह पापी' दिखता था जिसकी धर-पकड़ की आस-उम्मीद उस 'पगली' को वहां बनाए रखे थी।

एक दिन अतल तुले अंधेरे में कुई के कान में भैरों के भोपे की बुदबुदाहट पड़ी थी—"जे तुझे इहां रहना है तो—पागल-बौराई बनके रहे...वरना बस्ती में तेरा गुजर नहीं...मैं खुद दुर्गा-दसहरे को पगला बन के सांग धरूं हूं। तभी टिका हूं।" इसी भोपे का सहारा था उसे। लीतरे से लेकर और कुछ भी वही जुटाता था जब-तब।

जिनगानी का भार और सांसों की सांसत ने ही इतना मार दिया था कि उसके अपने हाल-व्योहार की ठीक से भान न होती। जचगी की बेला पेट में लगी आगेवान की ठोकर और फिर तभी नंगे आकाश की आग उसे इतना मार गई, झुलसा गई थी, कि उससे कुछ सोचे-समझे न बनता। उन्हीं दिनों जाने कैसे उसकी पहली ब्याहत का आदमी उसके सामने आन खड़ा हुआ था।

"कुई! तेरी जे दुरगत देख आंख जले। तुझे सगुनवा के बिठा मैंने पाप

ओढ़ा।'' उसने कहा था। वह दिन में इधर-उधर हुआ था और रात फिर आ जुड़ा।

''तेरी कोख आग-अंगार बखेर, मैं भी सुखी कब रहा? आज भी तेरे जनों को पांख में ले बैठा हूं। दूजी कलाई चूड़ा नी डाला...'' कुई को चुप देख फिर बोला, ''कुछ तो बोल जो हुआ सो...''

''दोनों हैं?''

''लेख...छुटा का हिरा गया था...बचा नहीं।'' इतना कह उसने अपनी आंखों के कोर को चुटकी छुआ पलक ढांप लिए। कुई ने एक गहरी डूबती उसांस भरी तो फिर बोला।

''जो हुआ हरिनाम पे भूल जा...और मेरे साथ चल। हम फिर गिरस्ती जोड़ेंगे।''

''सच?'' कुई के मुंह से न जाने कैसे फूट पड़ा।

''सच। सौह ले। भांवर तो मैंने ही डाली है तेरे से...धरम का धनी तो मैं ही हूं तेरा...वो सब तो जार-लंपट।''

''ये जो तीन-छोरे-लीतरे पड़े हैं गले—उनमें तेरा एक नहीं—बड़ा बिरजू और था, उसे सगुनवा ने जाने किधर क्या किया?'' कुई ने कुछ सोचते हुए कहा।

''तेरे-मेरे अब छोड़। तेरे सो मेरे...बिरजू को भी तपासूंगा। वो अपना बिटवा बांस छूने लगा।...तेरे हेत पूछे है...कभी-कभार और मन छोटा कर ले...तू चल मेरे साथ। वो कित्ता खुश होगा।'' उसने आंखें चमकाकर कहा था। अंधेरा गहराकर पसर गया था। कुई उसमें कुछ देखने-पाने को आंखें फैलाए थी। तीली रगड़कर उसने बीड़ी जलाई और सुलगती सलाई को कुई के चेहरे के पास हवा में हिला बुझा दिया। एक लंबा कश खींचकर बीड़ी का धुआं कुई पर छोड़ दिया।

''तो कल सूरज चढ़े हम सब बस पे होंगे...बोल ठीक?'' कहते हुए उसने कुई को अपनी तरफ ढरका लिया। वह थोड़ी खिंची-कसी, पर अपने घर-चौबारे की चाह उसे ढीला कर गई।

''ब्याह-धरम के नाते यूं नी टूटें।'' इस बोल के साथ उसने उसे अपनी तरफ कर लिया। नाता जोड़ने के लिए हाथ बढ़ाया और वह उसे रोक नहीं सकी।

कब रोक सकी थी वह किसी को! तड़के पौ फटी थी। गहरी जैसे रंग-रसी हो; पर सूरज देखे नहीं दिखा। उसने आज सरजू-चंदू को मंगत पे भी नहीं जाने दिया और वह सूरज चढ़े तक आने वाले की बाट जोहती रही। पर वह कब आया? आया कुछ और ही। दिन पर दिन चढ़ते गए और जब उसकी टोह लगी तो उसने

माथा फोड़ लिया। बाल नोच डाले। मुंह छील लिया, सरजू-चंदू को मार भगाया और...और आगेवान की आग को घूरे पे डाल बस्ती में बकती-डोलती फिरी। लोगों ने दया दिखाई। खिलाया-बिठाया। पर दिनों के साथ उसकी कोख फूलते देख उसे दुतकारा, ललकारा पर फिर पगली जान कुछ दिया—डाल दिया। अब उसका बसेरा फिर चौहद्दे खंडहर में था।

कसबे की कच्ची सड़कों पर लाल तिकोन की सफेद मोटर दौड़ रही थी—धूल उड़ाती। घर-घर चर्चे थे—बच्चे दो ही अच्छे। पंचायत-घर के आगे चौक में तंबू तना था। लोग-लुगाई डरे-सहमे उधर जाते थे। धमका-फुसला कारकून-प्यादे उन्हें लाते थे। सहमे से वे तंबू में जाते थे। नया कंबल और पीला कागद ले मरे-मरे तंबू से निकलते थे।

"तू भी लेगी कंबल और नोट?" फाटक के पास सफेद कपड़े वाले ने पूछा था। सहमी-सी वह खड़ी थी। बगल में लोथड़े की तरह नन्हा बच्चा उसकी छाती चूस रहा था। उसके पीछे एक के बाद एक तीन सरजू, चंदू और नन्ही—ठंड से ठिठुरते डबडबाई आंखों से वे सामने लगे कंबलों के ढेर को तक रहे थे। वह सबको वहीं छोड़ फाटक में घुसी। टेबल पर रजिस्टर फैलाए बैठे आदमी के सामने जा खड़ी हुई...चुप-चुप।

"नाम?"

"कुछ नई।"

"होगा कुछ तो?"

"तो कुई।"

"कुई?" पूछने वाले को अजब लगा।

"आदमी का नाम?"

"कौन आदमी?"

"तेरे वाला।"

"कौन से वाला? पेला, दूजा, तीजा..."

"क्या बकती है? अपने बच्चों के बाप का नाम बता।"

"कौन से वाले बच्चे का—रेखू, बिरजू, सरजू, चंदू, ननकी, छुटका...किसके बाप का?"

"छोड़? पहला बच्चा कब हुआ?"

"जब मैं छोटी थी। बचिया-सी।"

"छोड़, अपना क्या नाम बोला था?"

"कुई, कुई—जैसे कुआं वैसे कुई। छुटपन में मेरा मुंह बहुत छोटा था, पर खाती भोत थी...कहने वाले कहते...मुंह सुई पेट कुई। तो मां-बाप ने 'कुई' नाम धर दिया। आगे भी कुई का भाग ही तो मिला मुझे।"

"वह कैसे?" अब उस पगली-सी औरत की बातों में उसे रस आने लगा था।

"कुई...धनी-धोरी कोई नहीं। बे-धाम, बे-सहारा...जो चाहे जगत पे चढ़े, रस्सी खोल गिरारी हिला अपना डोल डाल दे...भर ले उसमें से। पर मुझ करमजली कुई को तो मरद-मानुष भरते गए। एक के बाद एक और मैं बीतती गई।" कहते-कहते उसके आंसू झरने लगे थे और वह बिना कुछ कहे तेजी से मुड़ चली थी; फाटक की तरफ, पर तभी उस आदमी का इशारा पा दो आदमी उसे खींचकर तंबू की ओर ले चले। वह 'नहीं-नहीं' करती रही।

उसे लाल तिकोन वाले तंबू के पास देखकर ही लोग बात ले उड़े थे। और जब वह कांपती टांगों से लड़खड़ाती हुई बगल में कंबल दाबे फाटक में से निकली थी तो ऊधमी बच्चों ने उसे घेर लिया और उसके पीछे हो लिए। फिर किसी मुटियार ने सुर्रा छोड़ दिया—बिनपती लूपवती! तो छोरों ने उसे नारा ही बना दिया। अब वह आगे-आगे कांख कंबल से ढांपे छुटके को लिए चल रही थी। पीछे आंचल पकड़े सरजू-चंदू, ननकी थे। सरजू ननकी को टेरे था। और फिर था नारे उछालते छोकरे-लड़कों का टोला। 'बिनपती-लूपवती' का नारा सुन के तो समझू लोग-लुगाइयों के पेट में बल पड़ गए। पीपल चौक में तो छोरे चुहल पे उतर आए थे। कोई उसका कंबल खींच रहा था तो कोई उस पर कंकरिया उछाल रहा था। एक कंकरी ननकी को लगी तो वह बिलबिला उठी। वह मारने को झपटी तो छोरे भाग गए। पर फिर आ जुड़े। फिर वही नारा। फिर वही मार। वह रो पड़ी। तभी उसकी आंख अगली गली के छोर पर दुबके खड़े बड़े-से लड़के पर जा टिकी तो वह आंख बचा पीछे दुबक गया। नारे अब भी उछल रहे थे। कंकरियों की मार अब भी लग रही थी। पर उसे चेत न था। उसे तो बस इतना भान था कि हो-न-हो वह गली के छोर पर खड़ा उसका अपना 'बिरजू' था। बिरजू इत्ता बड़ा हो गया। पर दूसरे पल ध्यान आया—उसका बिरजू होता तो भला उसकी यों दुर्गत देखता। जल्दी उसके सामने ढाल बनकर खड़ा न हो जाता। और वह उसे अपनी कोख में न भर लेती? अब एक कंकरी टन्न-से उसके माथे पर आ बजी। फिर भी उसने ध्यान न धरा...पर था बिरजू ही...न पहचाने मुझे तो जाए भाड़ में...अपने बाप के नरक-रास्ते। उठती-बैठती वह फिर

सूरज डूबे पहले चौहद्दे के सामने जा खड़ी हुई थी।

"जै भैरों की। जे तेनी चोखी की। मेरी बात मानी ना; तो कैसी गरम कंबल ले आई।" सामने भोपा खड़ा था। इधर-उधर देख पास आ फुसफुसाया।

"कभू हमें भी सुलाएगी अपने संग इस कंबल में?" मगर उसने कुई की आंखों में लपट देखी तो टल गया वहां से।

आज सब भूखे थे। दिन से ही। सरजू दो बड़े पत्थरों के बीच सहेजे सूखे टुकड़ों को सामने बिखेरकर बैठ गया था। और चंदू, ननकी आ जुटे थे...ननकी एक रोटी के टुकड़े को चूस रही थी। कुई छोटू के मुंह में छाती ठूंस निढाल पड़ गई थी। थोड़ी देर बाद वे सब गठड़ी बन, नए कंबल में लिपटकर पड़ गए। नई ऊन की गरमास ने उन्हें भूखे पेट भी जल्दी सुला दिया। कुई की देह पिरा रही थी। थोड़ी देर तो वह इस-उस करवट होती रही, पर अब उसकी आंख लग गई।

"माई रीऽ...ओ माई!" अंधेरे के धुप-चुप में एक आवाज उभरी। 'माई रीऽ ओ ऽ माई!' के ऊंचे बोल के साथ खंडहर की देहरी पर एक परछाईं उभरी और फिर पुकारा। "माईऽ ओ माई!" के बोल ने कुई को छुआ पर अंग की पीड़ा में वह डूब गई। उसने फिर करवट बदली, पर फिर वही टेर—"माईऽ ओऽ।"

"कौन?" अब उसे झेलना ही पड़ा उस टेर को।

"मैं...मैं बिरजू...तेने परचा नी मुझे। मैं खड़ा था वहां...।" और परछाईं अब भीतर आनकर ढल गई।

"जान गई थी तुझे...क्यूं आया इधर?" वह दरद-डूबी बोली।

"माई? मैं तुझे लेने आया हूं...चल अब अपना घर-बार होगा...देख मैं अब कित्ता बड़ा हो गया।" इतना कह चुपा गया। तभी खर की आवाज हुई...जलती सलाई की लौ अंधेरे को बेध गई। बीड़ी सुलगी और धुआं घिर गया।

"बापू भाग गया उस नवी के साथ...मैंने कित्ते दुःख झेले...मैं सब कर लूंगा। अब मैं बड़ा हो गया। पूरा मरद...देख...।" इतना कह वह हुलास भरा उसके पास खिसक आया।

"आ मरद! उजाले में नी परचे, आ अंधेरे में तू भी आ, और दिखा अपनी मरदानगी!" जले बोल के साथ टांगें फैलाकर बिरजू के सामने पसर गई।

पंछी करे काम

"क्या खो गया रे?"

"खबर नी।"

"फिर क्या तो खोजता?"

"पता नी।"

"तो फिर?" पूछने वाला ठगा-सा रह गया।

"सुना पंडत! छोरा क्या तो बोलता?" उसने चाय का रीता कप मेज पर सरकाते हुए पूछा।

"छोकरे ने ठीक तो बोला, इसकूं भला क्या भान के क्या खो गया और वो क्या तो खोजता। खोने को कुछ था भी क्या इसके कने।"

"तो फेर इस जलती दूपहरिया में ये मूं क्यूं मार रिया गंदी नाली में?"

"समझ भी भला, इसका नी तो किसी का तो कुछ खोया होगा ना कभी...उसे ही ढूंढ़ता नाली उलीच रिया जे छोकरा।"

"हैं ऽ...?"

"हां...हां, किसी का कुछ खोया होगा—गिरा होगा इधर-उधर, उसे ही ढूंढ़े है जे।"

"जे ही ते बूझूं; किसी का क्या खो गया इदर कूं?"

"तू भी कामगार यार मेरा! जूं बूझ रिया जैसे चांद की धरती पे जनमा हो। अरे भोले! जे छोकरा, इसकी जात—'धूल धोया' बाजे। इस जात के लोगों का धंधा ही जे के इधर-उधर गिरी-गुमी, नाली-माटी में खोई-पड़ी चीज—जेवर कील-कांटा-पैसा-धेला ढूंढ़-खोज के गुजर करना।"

"छोड़, पंडत अपने देस जे कोम नी बसे...ले पैसे पकड़।" पंडत के एक हाथ में उफनती चाय के पतीले को थामी संडासी थी और दूसरे हाथ से वह आग धौंकनी की चरखी घुमा रहा था—होले-होले! उसने चरखी का हत्था छोड़

हाथ बढ़ाया था कि चवन्नी खुली नाली में जा गिरी—नाली उलीचते छोरे से कुछ दूर।

"तू भी यार पंडत! देखे किधर कूं और काम करे किधर कूं...ले, चिपक गई चवन्नी की...तनी झुक...मोरी में हाथ गेर निकाल न ले तू चवन्नी?" कामगार बोला।

"मैं अपना धंधा छोड़ गंदगी में हाथ गेरुआ? फिर बांमन हूं कोई...।" पंडत तीखा हुआ, "तू ही न निकाल ले?"

"तू तो धंधे वाला बांमन है...मैं हूं कोली-चमार जो गू-मूत में हाथ सानूंगा... तू भुगत चवन्नी, चूक तेरी।"

"जाने भी दे...चवन्नी पे जान मत चिपका...तू जो पूछे था के वो छोरा क्या ढूंढ़े...तो वो अब तेरी चवन्नी ढूंढ़ रिया।"

"तो, रुक तनी पंडत...ओ छोगरे! इधर कूं तो हो भला।" कामगार ने नाली उलीचते छोरे को टेरा। छोकरा माथा नवाए नाली पर बैठा था। गंदले पानी की परत पर बार-बार उसकी मैली सरत तैर आती थी। वह फिर ब्रशनुमा झाड़ू से नीचे जमी तलछट एक बाजू सहेजता फिर पास पड़े तसले में फैला उसमें आंखें गाड़ देता। पर अब तक उसे कुछ भी तो ऐसा ना दीखा जिसके बदले उसे कुछ मिल जाता। बार-बार नाली उलीचने पर भी जब उसे अपनी बिसूरती थूथनी ही दीख पड़ी तो वह झल्ला गया। उसने जोर का एक झपट्टा अपनी परछाईं पर मारा और रुआंसा हो उठा और सिर उठकार पुकार टोहने लगा।

"हां, बे हां तुझी को बोल रिया...इधर कूं आ।" कामगार ने चार उंगली हिला उसे आवक दी। छोकरा धनुष की ढब में उठ खड़ा हुआ। देर तक पैरों पर बैठा था। पैर एकदम सीधे नहीं हो पा रहे थे...पैरों में चुनचुनी चुभाती हुई सनसनाहट दौड़ रही थी। उसने पैर पटककर चुनचुनाहट झाड़ी और बोझिल पगों से आगे बढ़ा।

"अब्बे! मरा-मरा क्यूं चल रिया...दौड़ भी...वो तेरी मां किधर कूं खिसक जाएगी-बैते पानी में..."

"बोलो...क्या करने का?" उसने टी-स्टाल के खोखे के पास आ कामगार से पूछा।

"चवन्नी मोरी में गिर गई है, इधर कूं अभी। निकाल दे तो; दो आने तेरे कूं मिलेंगे, अभी। चल लग जा।" लड़का खड़े-खड़े ही पैरों पर झुका और स्टाल की सीढ़ी से लगी मोरी में हाथ घुमाता हुआ कोई दो बांस आगे तक चला गया। उसने जहां-तहां नाली की तलछट को उलीचा, पर कुछ हाथ न आया। वह कुछ

आगे बढ़ा और तलछट को दोनों हाथों से नाली के बाहर निकालने लगा। तभी हाथ में कोई तीखी चीज गड़ गई और गंदले पानी पर लाली तैर आई। उसने झपटकर हाथ बाहर निकाला, उसकी कच्ची हो चली उंगली में कांच की किरच पैठ गई थी। उसने पहले तो उंगली को पंखे की तरह झला, फिर उसने मुंह में डाल लिया। घायल उंगली से रिसते हुए लहू को चूसता हुआ वह फिर चवन्नी टोहने लगा। अब वह अपने बाएं हाथ से नाली उलीच रहा था। इस बार उसने जब तलछट हथेली पर फैलाई तो उसके चेहरे पर चमक दौड़ गई जो थोड़ी दूर खड़े कामगार की निगाह से बच ना सकी। वह चिल्लाया—"मिल गई रे!"

"क्या...अभी कहां?" छोकरा चवन्नी की खोज को छिपाना चाह रहा था। पर कामगार उसके चेहरे को देखकर ही ताड़ गया था कि सिक्का लौंडे के हाथ चढ़ गया है। वह डपटकर उसकी तरफ लपका तब तक छोकरा उंगली चूसने के बहाने चवन्नी मुंह में दुबका गया था। यह भी उससे छिपा ना रहा और उसने पास पहुंचकर उसके जबड़ों को पके अमरूद की तरह दबाकर नीचे झुका दिया। ऊपर से एक धौल जमाकर गरजा—"उगल भेणके! कोई उड़ाई-चुराई का पैसा है। पसीने की कमाई है।" कामगार के पंजे की जकड़न के रहते उसने मुंह खोल सिक्का उगल दिया।

"हरामखाना चोर! देखती आंखों धूल झोंकता।" इतना बोल कामगार ने सिक्का उठा लिया और उसे अपने चीकट जाँघिये पर रगड़ते हुए आगे बढ़ गया। छोकरा भी पिटा-पिटा उसके पीछे हो लिया। कुछ पग चलकर मरे बोल बोला—"लाओ दो आने तो दो...कहा था...।"

वह पूरी बात कह भी न पाया था कि कामगार ने उसे लताड़ दिया—"चल हट परे...बेईमान। जबड़ा जो ना पकड़ा होता तो डकार ही गया था चवन्नी।" वह अब पंडत के सामने खड़ा था।

"ले भई; अपनी चाय के पैसे।" कामगार ने हाथ बढ़ाकर कहा। पंडत ने सिक्का सहेजने को हाथ बढ़ाया ही था कि छोकरा एकाएक उसके हाथ पर झपटा और सिक्का फिर मोरी में जा गिरा। छोकरा चट भाग खड़ा हुआ। कामगार भी लपका। थोड़ी दूर तो उसने उसका पीछा किया, पर वह उसके हाथ ना आया तो हारकर लौट आया।

"यार पंडत! जे छोकरा तो गजब निकला।" हांफते हुए कामगार बोला।

"नीची जात है स्साली। तू फिकर मत कर। वो अपना तसला-झाडू यहीं पटक गिया है। मैं उसके बाप से भी सारे पैसे निकलवा लूंगा।"

"तू क्या तो बनावेगा इस गंदे तसले-झाडू का?"

"और तो कुछ नी उस लौंडे को बेकार जरूर बना दूंगा। सहज लूंगा पैर-पत्तर से इन 'ओजारों' को सांझ नी तो सुभा आवेगा वो...आखिर तो इन हथियारों के बिना चलने का नी उसका काम। चवन्नी की ठोर अठन्नी ना वसूली तो अपने बाप का नी पंडत हांऽ...।"

अजगर की खोल से तंग-तुस टोले के आपे में सिमटी-सिकुड़ी गत्ते-गोबर से बनी-सनी झोंपड़पट्टियां आग-झुलसन से उभरे फफोलों-सी जहां-तहां खड़ी थीं। ऊंचे आकाश चढ़कर ही सूरज उनके भीतर झांकता था। दड़बों में बंद मुर्गे बांग बुलंद कर थक जाते और मुर्गियां कुड़-कुड़ करती ऊब जातीं। तब भी टोले के वासी नींद नहीं निवेड़ पाते। धूप की धार तीखी तनकर चुभने लगती तो इधर-उधर टाट-पाट पर निंदियाए लोग कसमसाते बदन तोड़ उबासी तानते, आंखें मलते पड़े रहते। उधर छाती चिंचोड़ते टाबर-टसुए कुलबुलाते कुकियाते और लुगाइयां खर्राटे खींचती रहतीं। मोटियार हुसियार, बूढ़े-बाले, लोग-लुगाई टोले में रात देर गए तक, नया-नुसी में लड़ते-कटते, बकते-झकते, फिर इधर-उधर लुढ़क जाते। फिर अबेर-सबेर उठकर उन्हें करना भी क्या था। कोई बंधा-बना रोजी-रुजगार का ठिया तो था नहीं जिसके रहते फिकर-सोच होती। जब भी आंख खुलती खटर-पटर होती, फिर लोग-लुगाई अजाने काम—अनदेखे रुजगार पर निकल जाते, छोरे-छाबरे इधर-उधर बिखर जाते। टोले में पीछे रह जाते बीमार-बूढ़े और नासमझ नन्हे टाबर-टसुए—खंखारते रोते-रिरियाते।

"यार तो आज सब्जी-बाजार की मोरी टोहेगा। देखा है; कित्ती बेर सौदे लेने-देने वालों के हाथ से पैसे-धैले मोरी में गिर जावे हैं—फिर कूंजड़ियां तो टाट के नीचे पैसे बिछा के बैठे—दो-चार तो गिरते ही होंगे मोरी में।"

"तू उधर कूं संभाल बंदा सुनार वाली लेन नी छोड़ने का। चांदी का एक भी कापा-कूपी-तार-वार हाथ चढ़ा के दिन-दुःख दूर—और सोने का जो कोई नकुआ दीदे बैठ गिया तो..."

"हो गया हाजी मस्तान, बड़े से छोरे ने बात काटकर कहा, अपन तो मोहल्ले टोले में, घरों के पिछवाड़े गली रोड़े में ही मुंह मारेंगे। तांबा पीतल जर्मन का भांज-भंगार कुछ तो मिलेगा।"

"अपन तो आज हीरो हैं। अपने कने पूरी अठन्नी है—कच्छे में खुंसी। कल

मार दी थी। एक खूसट की गिर गई थी। उसे कम टिपता था। मुझे बोला बेटे ढूंढ़ दे। मैंने पार कर दी। आज स्साली पूरी अठन्नी को जुए पे चढ़ाएंगे—तकदीर ने जोर मारा तो...''

सब अपनी-अपनी हांक रहे थे। पर सदा लपड़-चपड़ करने वाला सनीचरा चुप था। उसका मुंह कटोरी-सा निकल आया था और वह मरा-मरा-सा चल रहा था।

''तूं किधर को निकलेगा रे सनीचरा! बोले नी, रोज तो डींक हांके आज सांप सूंघ गिया तुझ कूं?''

''सांप ही समझ स्साला मवाली मेरा झाडू-तसला ले बैठा। जिधर मुंह पड़ेगा निकल जाऊंगा मैं तो।''

''कौन मवाली? कौन ले बैठा झाडू-तसला, करेगा क्या कोई उसका? हुआ तेरे कूं कल कुछ?''

''फेर बोलूंगा सब तुम कूं...अभी रहन दे।'' सनीचरा बुझा हुआ था। आगे गली का नुक्कड़ आया और टोले के छोरे बिखर गए। झाडू और तसले उनके बगल में यूं खुसे थे जैसे मांओं की कांख में अनचाहे बालक-टाबर।

उधर नंगी पहाड़ियों की ओट सूरज ठंडा होकर बुझने लगा और इधर 'फिल्मलैंड' के पीछे छोरे जुड़ने लगे। दिनभर घूम-फिर के टोले के छोरे यहीं भेली होते थे और आने-जाने वाली फिल्मों के बनते-बिगड़ते पोस्टरों को देखते-भालते। इस-उस हीरो-हीरोइन की नकल करते। पिछला खेल लगने के बाद तक उधर ही मंडराते रहते।

उन्होंने माथा जोड़ के 'पंचात' की थी और माना था के तांबा-पीतल या बिचाव जैसा जो कतर-कूट मिलेगा, उसे वे सब एक ठौर इकट्ठा करके बर्तन वाले को बेचेंगे। पांच-पंद्रह ग्राम के कतरन-बित्ते कोई दुकानदार तो लेता ही नहीं। लेता है तो वो बोहरा मुल्ला जो तांबे-पीतल के तोल के बिरोबर चने-मूंगफली पकड़ा देता है। भला मुट्ठी भर चने या पांच-पच्चीस मूंगफली से भरा है किसी का पेट-गड्ढा।

आज का दिन सबके लिए बड़ा तीता, कसैला निकला। किसी के हाथ कोई ऐसी चीज-बस्त नहीं पड़ी जिससे उसका कुछ सध जाए। अब्दू दिन के दूजे पहर तक सब्जी बाजार की धूल धोता-ढूंढ़ता डोला, पर उसे कुछ ना मिला। इधर-उधर बिखरे-फिंके-पिचके मटर-टमाटर चाब-निगलकर उसने दिन पूरा किया। तीजे पहर बनिया-बस्ती के घरों के पिछवाड़े टोह लगाई तो जो उसके हाथ लगा; वह था—पीतल का बित्ते भर मोटा तार। दो खारिज बेटरी सेल और बिजली के लट्टू का पीतल।

मसीता के पास एक पीतल का बड़ा पेच, एक पुराना घिस्सा सिक्का और तांबे के तार का आलू बराबर गुच्छा था। दिनभर सिर मारकर वह इतना ही पा सकता था।

सुनार-गली की दुकानों के आगे पड़ने वाली नालियों की धूल धो-सहेजकर भी गफूरे कुछ ना पा सका था। उसने आंख बचाकर सड़क पर खेलते एक बच्चे का एक पुराना खिलौना मार दिया था जिसे कूट-पीटकर उसने थोड़ा-सा पीतल निकाल लिया था। आते टेम रास्ते में उसे एक पीतल का छोटा बक्कल भी मिल गया था।

तकदीर टोहने के चक्कर में रमजू गांठ की अठन्नी गंवा बैठा था और अब एकदम खाली था। 'सनीचरा' के पास भी कुछ न था। होता भी कैसे? तसला-झाड़ू तो 'पंडत' ने दबा लिए थे। वह ढूंढ़-खोज में जुटता भी तो कैसे? पहले तो वह दूर ही से 'पंडत' की टोह लेता रहा। उसने अपनी स्टाल के आगे झूलते पत्थर के नीचे काठ के खोखे में झाड़ू-तसला दबा रखे थे। जब सनीचरा को पक्का लगने लगा के अब किसी ढब गए औजार उसके हाथ नहीं लगने के तो वह हिम्मत करके पंडत के सामने आया था, घिघियाता-गिड़गिड़ाता। पर वह उसे धमकाता मारने दौड़ा था और वह फिर वहां से टल गया था। थोड़ी देर बाद वह फिर पंडत की चिरौरी करता, उसके बेटा-बेटियों की खैर-खैरात चाहता हुआ अपने औजार मांगने लगा था। पंडत अब थोड़ा पसीजा और बोला—"बेट्टे! आगरे वालों से उलझा है; चल रख चवन्नी की ठो अठन्नी और ले जा अपना झाड़ू-ठीकरा।" सनीचरे ने बहुत दया चाही, अपनी भूख-प्यास का वास्ता दिया, मरी आंखें और पेट दिखाया फिर भी पंडत ना पिघला तो वहां से टल गया।

अब वह मांदे पगों को आगे ठेलता बस स्टैंड की तरफ हो लिया। सामने से अधमैले कपड़े पहने एक बाबू एक हाथ में सूटकेस थामे और दूसरे में बिस्तरबंद उठाए दीखा तो वह आगे आकर बोला, "मैं उठा लूं बाबू? जो चाहे वो दे देना।"

"बस अड्डा कौन दूर है। फिर गंदे, अधनंगे तू उठाएगा मेरा बिस्तर।" कहकर उसने उसे लताड़ दिया।

वह भूखा-प्यासा तपती दोपहर में उघड़े आकाश के नीचे खड़ा था। इधर-उधर डोलने के बाद वह एक गंजे नीम के आसपास खिंचे कंटीले तारों के अहाते के बाहर जा खड़ा हुआ। कुछ ही दूर भीतर एक मजूरनुमा सरदार सिर झुकाए किसी काम में उलझा था। 'पानी पिलाओगे पप्पा जी'—उसने टेरा, पर कोई जवाब न मिला तो वह चुपचाप भीतर हो उसके पास जा खड़ा हुआ। थोड़ी देर

बिन बोले उसे टोहता रहा। वह लोहे के भंगार को तहाकर एक तार से उनके बंडल बांध रहा था। भंगार के ढेर के पास बैठा वह खुद जंग खाए लोहे के ढेर-सा लग रहा था। पसीने से जटा-जूट हो आए बालों के चुट्टे को जब-तब सर पर साधते हुए वह लोहे के चादर-पत्तरों को एक-एक कर बड़े पर छोटे के हिसाब से जमाता चला जा रहा था।

"काम दोगे बाश्शाओ?"

"तू भी पाणी मांगता-मांगता काम मांगने लगा पुत्तर! असा कौण सेठ हैं जो तुज्झे..."

"तो पप्पा जी वो सामने साइकल के मडगाड का टुकड़ा पड़ा है वो ही दे दो...भला होगा।"

"अपणे बाप का है वो जो मैंने तुज्झे दे दूं? पर चल चार भंगार के बंडल बांध दे। तुज्झे मडगाड का वो खुरपा मिल जाएगा। मंजूर?"

"हो, अब्भी लो।"

"तो, बैठ। तार खींच के बांधवा। चूका तो भंगार हाथ-मूंड़ में गड़ जाएगा। तू लग काम पे, पाणी पी के मैं आया।" इतना कह सरदार वहां से टल गया।

सनीचरा भंगार के बड़े टुकड़ों पर छोटे टुकड़े जमाने लगा। आग फेंक सूरज से भंगार ताता हो गया था। उसकी छूअन हाथ को लगती थी फिर भी वह लगा रहा। उसने सोचा था, मडगाड का टुकड़ा मिल जाएगा तो उसी से नाली उलीचकर खोजने-टोहने की जुगाड़ जोडूंगा—नंगा हाथ मोरी में गेरने से वह कल भी लगा बैठा था। घायल उंगली आज भी पिरा रही थी। उसे उस कलूटे कामगार पर बड़ा कोप चढ़ा था। उसने छुट्टी का भोंपू होने के देर बाद तक घिया पत्थर पीसने वाले कारखाने की फाटक पर टोह लगाई थी, पर वह उसे वहां नहीं दीखा। दीखता तो भी वह उसे पहचानता कैसे? सब के सब कामगार सिर से पैर तक पत्थर की सफेदी से पुते भूत-से लगते थे। वह उसे परच जो लेता तो इसके हाथ में पत्थर था जो दनदनाता उसकी खोपड़ी पर जा बजता। कामगार के न मिलने पर वह मुरदा हाथ में पत्थर थामे वहां से चल पड़ा। पंडत की स्टॉल से थोड़ी दूर रुक चलकर उसने सोचा था के इस हत्यारे के कप-प्लेट पर ही पत्थर दे मारे। तभी उसे एक पुलिस का प्यादा वहां दिखाई दिया और वह पत्थर वहीं पटककर मुड़ गया।

पंडत का विचार बंधते ही सनीचरा की आंखों में उसकी बिफरती सूरत अट गई। उसने भंगार को सीधा करने के लिए हथौड़ी साधी और फिर तानकर जो

चोट की तो ऐसे लगा जैसे वह पंडत पर मार कर रहा है। पर हथौड़ी न जाने कैसे उसकी उंगली पर आ पड़ी और वह बिलबिलाकर खड़ा हो गया। घायल उंगली उसके मुंह में थी के सरदार आ गया—कित्ते बंडल किए? "बस दो" और उठ खड़ा हुआ। पर उसने उसके मटियाए गालों पर आंसुओं के रेले देखे तो सिताकर बोला—"लगा बैठा देखूं।" उसने जब मुंह से उंगली निकाली तो पाया बीच का नाखून जड़ तक काला पड़ गया—टोकर पर भी खून जम गया है।

"पुत्तर, जे काम, लगे है के बस कोई भी कर ले, पर है बड़े जोखम का...औसान चूके और गए। उठा वो मडगाड का टुकड़ा और चलता बन। अभी कोई तेरा सगा आवेगा तो मेरा टेम मारेगा। दस बंडल का एक रुपा देवे है वो कुबती-कबाड़ी, अभी हुए ही कित्ते हैं; चल हट भी इधर से...।" और उसने उसे वहां से परे कर दिया।

मडगाड के टुकड़े से सनीचरा ने यहां-वहां नालियों-मोरियों को उलीचा पर तलछट की ठीक-ठीक टोह तसले में फैलाकर ही की जा सकती थी। बारीक तार-टुकड़े कापे-किरपे तसले के तल पर ही टिपते थे और तसला पंडत ने दब कर लिया था। उलीचे हुए कीचड़ तलछट को नाली के बाहर बिखेरकर वह देर तक उसे कुरेदता हुआ नजर गाड़े रहा पर कुछ भी हाथ न लगा। जब सूरज ऊब-डूब होने लगा तो वह हाथ झटककर उठ खड़ा हुआ।

"तो सनीचरा! तेरे हाथ आज कुछ नी लगा।" गफूरे ने उसे खिसाया देख छेड़ा।

"तुझे मिल जावे रोज? ताना कस रिया। अरे देख जे मडगाड कल अपणा हथियार बनेगा। इसी से मोरी पार करूंगा और उस पंडत का सिर छेदूंगा।"

"छोड़ो भी यार...जे सब माल भेली करो और चलो बर्तन वाले बणिए के जो मिले करो पैसा खरा...भूख लगी है। कुछ तो पेट में गेरो..."

सब 'माल' एक कागज में सहेज जब वे दुकान पर पहुंचे तो 'बणिया' दुकान बढ़ाने को था।

"लो सेठ! तोल करके दे दो, जो बने...।" बड़े गफूरे ने कहा।

"कित्ती दाण बोलूं के दीवा-बाती के टेम सूगला सौदा ले के मत पड़ा कर पेढ़ी के अगाड़ी। चलो हटो। कल लाज्यो।"

"सेठ बेगा-अबेर कैसे लावें माल? कोई बस में है खोजबीन हमारे। चार जनों ने दिनभर माथा मारा तो जे मुट्ठीभर माल हाथ लगा...ले भी लो सेठ, नी तो भूखे मरेंगे सब।" गफूरे ने भोली सूरत धर चिरौरी की।

"इसका बदल कित्तो मिलेगो? जो सब खा लोगे।"

"अब जो भी बने दे दो। मुंह तो जूठा करना ही है।" इतना बोल गफूरे ने सामने झूलते तराजू के पल्ले में 'माल' डाल दिया। और दूसरे पल्ले में बाट चढ़ा दिए। फिर बोला, "लो सेठ देख लो।"

"नब्बे पैसे बणे...।" सेठ ने गर्दन झुका चश्मे के कांच से बाहर देखा और गल्ले से एक अठन्नी और दस पैसे के चार सिक्के उसकी तरफ सरका दिए।

"सेठ! पूरा रुपया तो कर देते।"

"रोजीना बोलूं के तोल छोड़ के मोल नी करना, पण तू माने भी, चल हट बढ़ाने दे दुकान।"

पास खड़े दूसरे छोकरों के गिड़गिड़ाने पर भी जब सेठ नहीं पिघला तो सब बुड़बुड़ाते हुए वहां से हट गए।

अब टोली फिर सिनेमाघर के पीछे अपने अड्डे पर आ जुड़ी थी। पहला शो शुरू हो गया था। भीड़ छितरा गई थी। पैसे गफूरे के पास थे। और वह अपनी बंद मुट्ठी को निकर की जेब में डाले हॉल के बाहर सुनाई देने वाले गाने की धुन पर सीटी बजा रहा था।

"पेट में चूहे बोल रिए और जे सीटी बजा रिया मेरा यार।"

"गफूरे! निकाल भी पैसे। और करे नी बांट।"

"हां और नी तो...कित्ते-कित्ते पांती आवेंगे। एक-एक के।"

"हम पांच हैं और पैसे नब्बे। कैसे पांत बैठेगी?"

"सनीचरा और रमजू तुम दोनों खाली आज...तो फेर...।" अब्दू ने बात उठाई।

"बेटे अब्दू! जब तू खाली होवे तो?" रमजू फैला।

"वो नी; पेले माल वालों की पांती होने दो फिर देखेंगे तुम कूं।" अब्दू नरम पड़ गया।

"ठीक तो बोले है अब्दू।" सनीचरा बोला तो रमजू परे हो गया।

"तो हिसाब सफ्फा है—तीस-तीस बैसे बांट लो तीनों—हो गए नब्बे पूरे।" गफूरा बोला।

"वा बोस! बकार-मुरगा दोनों बिरोबर। मेरा माल सबसे जास्ती था।" मसीता बोला।

"मेरे से भी जास्ती। गिनाऊं एक-एक करके?" अब्दू फिर बोला।

"मेरा तो फेर कुछ नी था—तुम दोनों आधो-आध कर लो।" इतना बोल गफूरे ने बंद मुट्ठी खोल दी तो फटी जेब से पैसे टपाटप नीचे बिखर गए। गफूरा फिर सीटी बजाने लगा। रमजू और सनीचरा आगे वाले खेलों के पोस्टरों में खो

गए।

''यार, ये तो रोजीना का टंटा है। यूं गुस्साने से तो चलने का नी। हैं तो हम सब एक बिरादरी के भाई।''

''दो पैसे ऊंचे-नीचे होंगे तो कौन मियां मर जाएगा...और फिर जो भी मिलेगा उससे किसी का पेट भरने का तो नी। कोई राह निकालो।'' मसीता बिगड़ती बात थामकर बोला।

''तो फिर सिनेमा का एक टिकट ले लो, सब कंटक कट जावेगा। फिल्लम भी तीर है...धरमेंदर और हेमा मालन...ढिशुम...ढिशुम।'' गफूरे का सुझाव था।

''यार, इस गफूरे की टागें बांस हो गईं, पर भेजा इसका ठस है। भाई लोग भूखे मर रिए और जे फिल्लम गा रिया।''

''तो जा, ले आव नब्बे पैसे में थाल और जिमा दे अपने सब लागतों को... दौड़-दौड़।'' गफूरे ने तान भरी।

''वैसे, इत्ते पैसों की बांट से आवेगा भी क्या...कित्ता? गिनती के मूंगफली-चने...बस।''

''फेर मुंह झुठलाने से तो भूख और भी भड़केगी।''

''अरे नी तो...अभी तो भूख दबी पड़ी है पेट के किसी कोने-खांचे में।''

''वो भी ठीक; पर एक टिकट से सब लोग देखेंगे कैसे फिल्लम?''

''अरे; थोड़ा-थोड़ा सब देख लेंगे। यार, इत्ती समझ तो तेरे भेजे में होगीज।'' गफूरे ने फिर हल दिया।

''अपने तो सब जगो बांट-बूट चले हैं।'' मसीता ने टेक लगाई।

''साले! सब मिल के थोड़ी-थोड़ी फिल्लम देखेंगे। सब मिल के थोड़ा-थोड़ा खाएंगे नी।'' सबसे जास्ती माल होने की कुरेद अब्दू से कहलवा गई।

''खाने में इसका बड़ा जी है। एक दिन नी खाएगा तो जैसे मर जाएगा भुक्कड़।'' अब मसीता ने लगाई। वह नहीं चाहता था कि अब्दू उससे बढ़कर हिस्सा पटा ले। उसका माल भी तो कम नहीं था।

''ऐसा बोले ये मसीता जैसे मैं हमेस पेटभर के खा रिया...भूखे मरने में मैं किसी से कम उतरूं तो अपने बाप का नी।'' अब्दू खिसिया गया था।

''तो फिर पंचों की जो राय...बोलो।'' गफूरे ने ऊंचे बोल में टेरा।

''फिल्लम?'' अब्दू सबसे पहले चिहुंका। फिर तो फिल्लम-फिल्लम हेमा...धरमिन्दर पुकारते सब उछलने लगे। भूखे पेट की कूद-फांद से सांस

उखड़ने लगी तो थककर थम गए।

''ले भाई गफूरे! जब तेरी बात सबने मानी तो तू ही जे फेसला भी कर दे के कब, कौन और कित्ती देर फिल्लम देखेगा।'' अब्दू बोला।

''मेरी मानो, तो बोलूं। नी तो मसीता से पूछो, उसका माल सबसे बत्ती था।'' गफूरे ने चुटकी ली।

''कमती-बत्ती छोड़ यार गफूरे। आखर तो सबसे बड़ा है तू। तै कर दे सब मान लेंगे।''

''ठीक...तो चल रमजू अपने चलें।'' सनीचरा ने रमजू को टोहकते हुए कहा।

''जे अब्दू ने मेरे को बड़ा बोल दिया तो न्याय पूरा होवेगा। सनीचरे-रमजू तुम दोनू भी रुको।'' गफूरे बोला। ''देखो सबसे पेले सनीचरा जावेगा भीतर और पेला गाना सुनकर आ जावेगा वो। फेर जावेगा रमजू और दूजा गाना सुन के हट जावेगा। फेर तीजा गाना हम सुनूंगा और पीछे इंटरवल के बाद अब्दू और मसीता आधा-आधा खेल देखेंगे।'' गफूरे ने फैसला दिया—''ठीक?''

''हां ठीक...एकदम ठीक।'' अब्दू बोला तो मसीते ने भी हां जड़ दी। सनीचरा और रमजू तो कहते ही क्या? उनका हक भी क्या बनता था?

''अब्भी तो खेल छूटने में क्लाक-आधे क्लाक की टेम है। ये साली भूख आंतें ऐंठ री।'' भूख का मारा अब्दू फिर कह गया।

''तो आवो हम भूख भगावें...वो जो पारक के दो पिल्लर हैं उनके बीच दौड़ लगावें...चार चक्कर में भूख भाग जावेगी...चलो हुसियार...वन...टो...थरी...।'' गफूरे ने हांक लगाई और सब दौड़ पड़े। पार्क में पहुंचकर सबने दौड़ शुरू कर दी। इधर से उधर के खम्भों को छूते हुए जब आंखों में काले-पीले घेरे घूमने लगे तो एक के बाद एक उजड़ी दूब पर आ गिरे। सबसे पहले अब्दू, हाथों से पेट दाबे पड़ा था। थोड़ी देर आंखें मूंदे सब चुपचाप पड़े रहे। चक्कर थमे तो सबसे पहले गफूरे 'या अली कर मदद' के नारे के साथ उठ खड़ा हुआ था। बोला—''उट्ठो भी मुरदो! कोई अमकी-चमकी फिल्लम है जो मिल जावेगा टिकट। भीड़-भम्भड़ देखो...चलो लग लें लेन में अब्भी से।'' थोड़ी देर बाद पांचों जनता खिड़की के सामने खड़े थे। तय था के गफूरे खिड़की में हाथ गेरेगा और बाकी लोग उसे टेका देंगे।

कोई घंटाभर लाइन में उठ-बैठकर बीता तब धक्कम-पेल के बाद खिड़की पर पहुंच बनी। अब्दू और मसीता धक्का-मुक्का नहीं झेल सके और खिड़की खुलने से पहले ही लाइन से बाहर आ गए। उन्हें भीतर ही भीतर यह गुमान भी तो था कि आखिर तो उनके पैसे जास्ती हैं—आगे और क्यों हलकान हों? सनीचरा

और रमजू भी घबरा गए थे। पर टिकट पर थोड़ा हक जताने के लिए अड़े रहे और गफूरे के टिकट लेने के बाद ही उसके पीछे पसीने से नहाए बाहर निकले।

"लो पूतनियों के, ये लो जन्नत का टिकट।" हांफता हुआ गफूरे बोला और टिकट अब्दू को थमाते हुए सामने बिछी दूब पर जा गिरा। टिकट हाथ लग जाने पर अब्दू ने एक सुर्रा फिर छोड़ा—"यारो! इस टिकट का बिलेक नी कर दें। खूब भाव चढ़ा है, डेढ़ रुपे की बोली तो मैंने सुनी है।"

"यार, ये अब्दू पूरा बनिया है। हमने जान झोंक खून-पसीना एक किया और जे बिलेक की बात बोल रिया।" सनीचरा चिहुंका तो रमजू ने भी लगा दी—"और नी तो क्या।"

"हां-हां, जा सियाने सियार; और बेच दे हम लोगों का खून-पसीना।" गफूरे झल्लाकर बोला और उठ बैठा।

"तुम समझो नी मुझे भोत भूख लगी है। इसी वास्ते बोल रिया।" अब्दू गिलगिला आया।

"तो बोला ना; बेच दे टिकट और भुखस ले सब का सब। हमें कुछ नी लेना-खाना।"

"यार अब्दू! तू बड़ा मरभुक्खा निकला रे। यूं भूख-भूख करेगा तो जीएगा कैसे? भूखे मरने की आदत जो छूट गई, बेटे मेरे, तो चार दिन में लंबी तान जावेगा।" रमजू ने बात जमाई। टिकिट के खातिर वह भीड़ में पिल गया था और उसके हाथ-पैरों में ऐंठन उग आई थी। वह फिल्म को हाथ से नहीं जाने देना चाहता था।

"अब्दू, तू तो बोले था ना के मैं भूखों मरने में किसी से कम उतरूं तो अपने बाप का नी।" मसीता ने उकेरा।

"ये मुरदार किसी का भी नी; रोटी का है!" गफूरे ने ताना मारा—"छोड़ो इसकूं एकला और चलो अपने चलें टोले।" और वह सबको आगे ठेल चल पड़ा।

हथेली पर फैले टिकिट को चारों उंगलियों से सहेजे अब अब्दू अकेला खड़ा था। उसके चारों संगी-गोटिए मांदे पग घसीटते हुए गेट की सीध बढ़ रहे थे। वह थोड़ी देर जहां का तहां बेहिल खड़ा रहा। सोचा सब-के-सब भूखे हैं, चार बांस दूर जाकर पलट आएंगे...नी तो मैं आज आधी थाली खा ही लूंगा। पर जब उसने उन्हें फाटक के बाहर होते देखा तो उसका हौसला टूट गया। एक पल माथे में कौंध हुई—टिकट भुनाके कुछ खा-पी लिया तो सब के सब मार-मार के उसका भुरसक बना देंगे...और फिर कल मेरी हेर-ढूंढ़ खाली गई...मेरे हाथ कुछ न लगा,

तो ये मुझे अपने संग कब जोड़ेंगे...यूं एकला पड़ गिया तो जीना कैसे होगा? यह सब सोचकर वह दौड़ पड़ा और गेट के बाहर ही सबको जा घेरा।

''लठवो! किधर कूं चले? फिल्लम सिरू होने कूं है।'' अब्दू उनके आगे जा खड़ा हुआ और बोला।

''कर दे नी बिलेक...कर दे हमारा खून काला और भुकस ले। अब क्यूं आया।'' उसे सामने से परे ठेलते हुए गफूरे ने गुस्से में कहा।

''यार लोग मज्जाक भी नी समझे...मैं तो ठिठोली कर रिया था।'' अब्दू मसीते की बांह थाम खिसियाने लगा।

''लो चल्लो भी यारां! बिचारा इत्ता तो गिलगिला रिया।'' रमजू बोला।

''और नी तो। फिल्लम शुरू होने के बाद जाने से फाइदा क्या?'' सनीचरा ने बात की डोर थामी। सबसे पहले खेल में उसके जाने की बात जो थी।

''चले भी प्यारे! गुस्सा थूक।'' अब अब्दू गफूरे के कंधे पर हाथ धर मिमियाया तो गफूरे ने उसके मुंह पर थूक उड़ाते हुए हांक लगाई—''चल्लो चल्लें फिल्लम चल्लें'' और सब दौड़कर फिर गेट के भीतर हो गए।

''सनीचरे! चल पेले तू मर भीतर। बेटे! देखना पेला गाना खल्लास होते ही भार कूं निकल आना। हम सब परदे कने की भार की दीवार से सटे गाना सुनते मिलेंगे तेरे कूं...समझा।'' गफूरे ने चेताया।

सबेरे फिर सूरज का फेरा था और उसकी किरन डोर थामे सनीचरा फिर ढूंढ़-खोज पर निकला था। हाथ में उसके वही मडगार्ड का टुकड़ा था जो उसने सरदार से लिया था। आज उसने 'अफसर कालोनी' की राह ली। दिनभर नाली-दर-नाली टोहते निकला, पर कुछ हाथ न लगा। पुरानी बस्तियों की नालियों में कुछ तो काम की बस्त मिल ही जाती। पर ये 'बड़े लोग' तो जैसे कुछ फेंकते ही नहीं। ले दे के पेंसिल के ठूंठ और डाढ़ी बनाने की पत्तियां ही सामने आती थीं।

अब वह एक बड़े बंगले के आगे की नाली में 'मडगाड' घुमा रहा था। उसने उलीची हुई तलछट को हाथ से फैलाकर 'तपासा' तो एकाएक ही उसकी आंखें फैल गईं। एक चमकदार कनी उसकी हथेली पर उजाला रचा गई। उसने उस 'कनी' को जांघिये पर रगड़कर उसकी दमक को भांपा और फिर उसे अपने मुंह में रख लिया। थोड़ी देर बाद उसे हथेली पर उगलकर देखा। उसमें बड़ी 'आब' थी। उसके बदन में जैसे नया खून सनसना गया। उसकी 'सोच' चमक उठी—

आज खुली तकदीर साली, सच्चे हीरे की कनी हाथ लगी है—किसी भाग वाले की अंगूठी का नग दीखे—कैसा आबदार—काटदार...आज सालों के मुंह पर मार दूंगा टिकट के पैसे। ऊपर से सब कूं चा-चू और पिला दूंगा। आखिर तो बीस-तीस रुपे पल्ले पड़ेंगे।

...आज इसकूं बेचने भी बड़ी पेढ़ी पे जाऊंगा। साला रोजीना वाला वो सुनार तो ठग लेगा...तीस जो मिल जावें तो दस तो अपने और अपने बाप के। कल बापू बोले था—मैंने तेरे कूं जनम दिया सनीचरे, तूं मेरे कूं दस पैसे तो दे और माई ने कैसे कटता बोल मारा था—तेरे कूं मैंने दूध पिलाया, तू मेरे कूं बीड़ी तो पिला। पर मेरे कने था क्या जो देता। माई अपने हाथ पर फैला दाद कैसे तो खर्-खर् खुजा री थी। रात छुटका भी तो बिलबिला रिया था। मारे ठंड के उसे कल नी पड़ री थी...दादी को तो सरम ढांकने जोग लीतरा भी नी। चिंदी लपेटे ठठरी-भूतनी दीखे है...तो माई वास्ते दाद का मल्लम, छुटके वास्ते एक ठो बनियान, दादी वास्ते एक मोटी-झोटी ओढ़नी और बापू वास्ते दो बीड़ी के बंडल और एक माचिस-पेटी। और संगियों को अल्लम-गल्लम...पंद्रह-बीस तो यूं निकल जावेंगे...और फिर उस पाखंडी पंडत के मुंह पर चवन्नी की ठो अठन्नी मार के अपने औजार भी तो लाऊंगा। यही सोचता हुआ वह आगे बढ़ा। और 'सराफे' में जा निकला।

"सेठ! सच्ची-मुच्ची का हीरा लोगे। देखो माल खरा है—सौ टंच।" इतना कह उसने पुड़िया खोल गादी की तरफ बढ़ा दी। वह 'भीखनलाल फकीरचन्द ज्वेलर्स' की पेढ़ी के सामने खड़ा था। सेठ ने छोटी गर्दन पर सधे बेडौल मुंह पर लगी चने के बराबर नाक पर चढ़े सुनहरे फ्रेम के चश्मे को नीचे खिसकाते हुए 'माल' को देखा और एक उझती हुई निगाह से सनीचरे को घूरा।

"कूंण थूं? कहां सूं लायो यो?" सेठ ने पूरी टोह ली।

"सेठ! मैं धूलधोया हूं...ढूंढ़-खोज में मिला है मुझे हीरा। सक-सुभा की बात नी। अपणा तो बाप-दादों का धंधा ही है जे।"

"भले-भले...थूं धूलधोयो है...म्हें समझयो...।" और उसने उसकी तरफ एक रुपये का नोट उछालते हुए, उसकी कनी को अपने सामने बिखरे नगों की ढेरी में फेंक दिया।

"अरे-अरे सेठ! जे क्या...भला मेरा सच्चा हीरा और जे कंकर का मोल... सौदा तै होने से पेले ही गेर दिया मेरा माल अपने नगों में...।"

"अरे मरे क्यूं। नी रड़े तो ले जा अपनी नग। इमीटीसन के कंचकठिए को

हीरा बोले थूं...चाल उठा अपना माल और गेला नाप।'' इतना बोल सेठ ने सामने बिखरे नगीनों में से एक नग उठा उसके सामने चादर पर फेंक दिया। यह सब इतना जल्दी हो गया था कि सनीचरा कुछ सोच न पाया। फिर भी बोला—''ज मेरा नग नी...मेरा तो असली हीरा था...वो दो।''

''वाह रे पारखी!...असली हो तो। अगाड़ी आ और उठा ले आपणे हाथ सूं।'' और सेठ ने बिखरे नग का ढेर उसके सामने सरका दिया–''राम-राम। नीच जात म्हने अधरम सिखावै...चल उठा ले आपणो हीरो।'' सेठ ने बड़बड़ाते हुए टोहका दिया। सनीचरे ने नजर गाड़कर देखा तो उसे सब नगीने एक-से दीखे। वह समझा नहीं कि क्या करे। एक दमकते हुए नग को उठाया तो दूसरा आंख में कौंध भरने लगा। अपनी समझ से काम सधता न देख बोला—''सेठ! राम-धरम से तुम ही मेरा नगीना मेरे हाथ पे धर दो।''

''म्हारो धरम मूं नी खरचूं—थूं ले ले आपणे हाथ सूं आपणो नग; ने फूट अठा सूं। नीतर फेर आवेगा पाछो।'' अब क्या चारा था। सनीचरे ने सांस खींच आंखें फैलाकर एक गहरी निगाह सामने बिखरे नगीनों पर डाली और एक आबदार नगीने को उठा लिया। जब वह चलने को हुआ तो सेठ ने उसे चेताया—''भाया! ठीक देख-भाल ली जे। पाछो फिरने आवेगा तो धक्का खावेगा। हां; पेलाइज बोल दूं।'' सनीचरा बोला नहीं और आंख से आग बखेरता थूक निगलकर आगे बढ़ गया।

'कैसे तो ठगेंत लोग बसे हैं? जनम-करम में एक चमकदार चीज मिली; वो भी फेर में पड़के यूं डुल गई। मैंने बीस-तीस मोल तोला था, बणिया-बक्काल एक रुपल्ली पकड़ा दिया...जब भी घरवालों से किसी चीज को जोड़ो साली लाख की चीज यूं खाक हो जावे। देखूं दूजी दुकान टोहता हूं।' यह साध बना वह दूसरी पेढ़ी की तरफ चला। अब उसके चेहरे पर न वह चमक थी और न चाल में वह मस्ती। वह पैर घसीटता दूसरी पेढ़ी के सामने जा खड़ा हुआ। हथेली पर नग धरकर बोला; ''लोगे सेठ! सच्चा है...।''

''कूंण तू? धूलधोयो दीखे। देखूं क्या तो मिल गिया तुझे।'' पेढ़ी पर लगे मसनद पर बैठ गोलमोल सेठ ने उससे नगीना ले लिया। पहले तो उसे उलट-पलट कर देखा और फिर उसे सूरज के रुख धर उसके भीतर झांकते हुए बोला—''तू इसे सच्चा बोले...अरे जैपुर का कंचकठिया है...क्या दूं भला उसका?...पचास पैसे ले जा।'' और उसने नगीना सनीचरा के हाथ पर धर दिया। सनीचरे को एक धक्का-सा लगा; फिर भी संभला, ''सांच-सांच मोल करो सेठ! पांच रुपया तो

वो बाजूवाली पेढ़ी पे देवे था।'' वह ओस पड़ी आस के सहारे बोला।

''तो तू उधर ही दे दे।'' इतना कहकर सेठ चोपड़ा खोल हिसाब में उलझ गया।

''सेठ! पेली पेढ़ी छोड़ तुम्हारे कने आया हूं...सही-सही भाव बोल दो।''

''भई माथा क्यूं चाटे। बोला ना उधर ही दे आ। यहां जास्ती नी मिलने का।''

''कुछ तो बढ़ो सेठ। आखिर तो नगीना है।'' वह गिड़गिड़ाया।

''चल साठ पैसे ले और छोड़ पीछा।''

''क्या बोला सेठ। दस पैसे तो मैं आप पे वार के फेंक दूं।'' सेठ बही में उलझा था। कुछ न बोला। तो सनीचरे ने फिर चिरोरी की—''सुनो सेठ...सुनो हो।'' अब सेठ झल्लाया, ''बोला ना। कांच के टुकड़े का जास्ती नी मिलने का, पिंड छोड़।'' अब तो सनीचरा को जैसे पाला मार गया—'दूजी पेढ़ी देखने पे तो रुपे के साठ पैसे रह गए...तीजी पेढ़ी जाऊंगा तो...' और वह बिना कुछ और सोचे पहले वाली पेढ़ी की तरफ मुड़ गया।

''लो सेठ, चलो दो रुपे दे दो...तुम्हारी ही रही।'' सनीचरा ने छूटी डोर थामते हुए कहा।

''म्हारी कांई रेवे अबे? पेलां तो म्हारो धरम धूलधाणी करै—बइमान बतावै... चाल...चाल म्हारे नी लेणी थारी चीज।'' सेठ ने घिनाते हुए उसे हाथ से परे हो जाने की जुगत दी।

''अच्छा तो रुपया ही दे दो भला।'' वह फिर भी वहां से न हटा।

''बोल्यो नी के, म्हारे धरम पे भरम करवा वाला सूं म्हे लेण-देण कोनी राखूं। थूं परो हट पेढ़ी सूं...राम-राम भरोसो उठ गिया संसार सूं।'' सेठ टर्राया।

सनीचरा मुंह लटकाए पेढ़ी से परे हो गया। जरा आगे बढ़ा तो उसे लगा जैसे उसके पीछे कोई आ रहा है। मुड़कर देखा तो कोई नहीं था। हां, एक मोटे और भद्दे सुर में किसी के गुनगुनाने की आवाज आ रही थी—

'अजगर करे ना चाकरी पंछी करे ना काम।'

टेर पूरी कर सेठ होंठों में बुदबुदाया—'अजगर करे ना चाकरी!' पण 'पंछी करे काम' और उसने सामने फैले नगीनों में से एक आबदार कनी उठाकर सच्चे हीरों के साथ मखमल के 'बक्स' में सजा दी और हुमकता हुआ फिर गुनगुनाने लगा—'पंछी करे काम।'

जब सनीचरा उस पेढ़ी से हटा तो उसे लगा जैसे उसके पूरे बदन को काठ मार गया है। चलने को हुआ तो भान हुआ जैसे कोई दूसरी ही कल इसके पैरों

को उठा-उठाकर आगे रख रही है। अब वह फिर दूसरी पेढ़ी के आगे खड़ा था। सेठ अब भी बही में अटका था। उसने हांक लगाते हुए कहा—"लो सेठ, चलो एक रुपे में सौदा कर लो।"

"बोला नी; साठ पैसे से बत्ती कुछ नी। लेना हो तो ले नी तो जा काम करने दे।" सेठ बोला और फिर खो गया बही में।

"अच्छा तीन चवन्नियां तो दो।"

"लेना हो तो ले ये साठ पैसे; नी तो छोड़ पीछा।" इतनी बोल सेठ ने दो चवन्नियां और दस पैसे का सिक्का सामने बिछी सफेद चादर पर फेंक दिया और फिर बही में डूब गया।

अब सनीचरा बेचारा था। उसने चुपचाप नगीना सेठ के सामने सरका दिया और पैसे सहेज वहां से चल दिया। वह आगे बढ़ता जाता था पर उसे लगता था जैसे वह पीछे खिंचता चला जा रहा है। आगे उसने अफसर कॉलोनी में मालकिनों के ना-ना करते हुए भी दो-एक बंगलों के सामने वाली मोरी में अटके कचरे-रोड़े को हटाकर दो-एक बासी रोटियां पा ली थीं और यूं कल दिन-रात की भूख को बहला लिया था। अब जब उसकी मुट्ठी में पैसे दबे थे; उसकी भरमाई भूख भड़क उठी। 'पैसे पेट में डाल लूं या फिर अपने औजार उस पंडत से ले आऊं?...हरामी, मानुसखाना अठन्नी मांगे था चवन्नी के ठौर।' सोचता-सोचता सनीचरा पंडत के स्टॉल के सामने जा ठहरा। उसने आंख चुराकर देखा तो पाया आज फिर वही कामगार वहां बैठा चाय पी रहा था। उसे देख वह ठिठका—फिर दो पग पीछे हो लिया।

"देख पंडत! आज वो हरामी छोकरा...क्या बोले था तू उसकूं—फेर आ गया।"

"बोला नी था तेरे कूं—उसके बाप के बाप से अठन्नी न रखवाऊं तो अपने बाप का नी। कामगार! अपना बतन छोड़ इस पराए-परदेश में भटियारगिरी यूं ही नी करते।" पंडत अकड़ता हुआ कह गया और फिर जोर से हांक लगाई—"ओय छोकरे...आवे ना; ले जा अपने ठीकरा-झाड़ू; नी तो नाले में फेंक देंगे हां।" सनीचरा पास आया तो गिलगिलाकर बोला—"दे भी दो पंडत। गरीब को बेरुजगार करने से क्या तो मिलेगा?" उसका गला भर आया था।

"ले जा अपना ठीकरा-झाड़ू; पर अठन्नी धर पेले। बेट्टा! हमसे ही झीन-झपट। अब भुगत।"

"पंडत चवन्नी की ठोर चवन्नी ले लो।" और उसने चवन्नी धोंकनी के

पटिए पर धर दी।

"चवन्नी नी; अठन्नी। नवा तसला लावेगा तो एकले के तीन-चार रुपे बैठेंगे—झाड़ू अलग...और फेर आज भीगी बिल्ली बन रिया। उस दिन सेर बनके चवन्नी पे झपटा था जो? दूजे दिन आंखें चौड़ा के पत्थर ले मेरे कप-बस्सी भी तो फोड़ने आया था...मारता ना पत्थर बेट्टे चला क्यूं गिया।"

"माफ करो पंडत। ओजारों के बिना भूखों मर गिया।"

"धरो अठन्नी और उठाओ अपने ओजार। हमें क्या?" चिरोरी करने—आंख-पांख गीली करने पर भी जब पंडत टस से मस न हुआ तो हारकर सनीचरे ने दूजी चवन्नी भी पटिए पर धर दी और बिना कुछ बोले नीचे खोखे में खुसे अपने झाड़ू-तसले को निकाल लिया। उसे यूं हारा-हिरासा देख कामगार ठहठहाकर हंस पड़ा। बोला—"वाह! यार पंडत। अच्छी बिताई साले बईमान पे।" और पंडत की पीठ थपथपा दी।

आकाश में अटा सूरज दिनभर की टोह के बाद अंधेरा उलीच लाया था। सामने एक धब्बा-सा आगे बढ़ा जा रहा था—बगल में झाड़ू का ठूंठ खोंसे और मरियल हाथ में तसला थामे। उसके मुंह में दस पैसे का सिक्का था और आंखें धरती टोह रही थीं क्या ढूंढ़ते; भूख-अंधेरा?

□□

